保健室から見える親が知らない子どもたち

大人が気づかない、意外なこころの落とし穴

NLP教育コンサルタント
桑原朱美

青春出版社

はじめに

私は、25年にわたり、小中学校の養護教諭（保健室の先生）として、多くの子どもたちにかかわってきました。２００８年に独立し、現在は、主に養護教諭向けの研修や講座、オンラインコミュニティ運営を行っています。

私が、最後に勤務した学校（２００８年3月まで）は、当時「教育困難校」と言われていた中学校でした。

そこで出会った中学生は、たくさんの生きづらさを抱えていました。そして、その生きづらさを様々な形で表現していました。問題行動を繰り返す子もいました。不適応や不登校という形で表現する子もいました。あるいは自律神経失調症などの身体症状が出てしまう子もいました。逆に、「いい子」でいることで、自分の生きづらさを無意識にカムフラージュしようとする子もいました。また、明らかに自分の存在を消し、誰ともかかわらないようにしている子も年々増えていたように感じます。

当時の生徒向けのアンケートで、「生きる価値を感じない」と答えた子どもたちが17％もいました。比べる資料がないので多いとも少ないとも言えないのですが、たった十数年しか生きてきていない子どもが、「生きる価値がない」と答えたのは、衝撃的でした。

子どもたちを取り巻く社会が大きく変化する中で、親も教師も、もう何十年も「子どもたちに対し何をすればよいのか」と悩み、教育の方法を模索し続けています。

- 受容と共感が大切と言われれば、感情を必死に受け止める
- ほめて育てることの重要性が叫ばれれば、意識してほめる
- 自己肯定感が子どもの意欲を高めると聞けば、成功体験ができる配慮をする
- ●●心理学がブームになれば、それを学んで対応する
- 食事は手作りで！　添加物は排除して！
- 早寝早起き朝ごはん！

大人は、何とかしたいと思っているのに、子どもたちの生きづらさは一向に解消さ

れないという現状でした。なんだかもやもやする……そんな感覚を持って日々を過ごしていました。話をしっかり聴いてあげて、元気に帰ったはずなのに、また同じパターンを繰り返して来室する子。必死に対応したあの数時間は何だったんだろうと愕然とする日々でした。また、自分の被害妄想ストーリーを延々と話し、そのストーリーでさらに被害者意識を強化するケースも少なくありませんでした。

受容と共感が大事と言われてそうやっているのに……

話を遮ることなく最後まで聴きなさいと研修で学んだのに……

子どもたちは過去の出来事を延々と話すだけで、**解決のための行動には至らないこと**が多いのです。

子どもたちは、自分を苦しめた相手に変わってほしいと願い、今の環境を何とかしてほしいと願います。しかし、自分自身は何も行動しないのです。

私自身も、保健室にやってくる子どもたちに、様々な方法論を投入していましたが、なかなか手ごたえを感じないまま、試行錯誤の日々を続けていました。

そんなとき、２００４年、ＮＬＰという心理療法と出合いました。

私が師事したＮＬＰトレーナー山崎啓支《ひろし》さんは、スキルの習得のための学びではなく、脳の科学に基づいた「人間が苦しんだり、喜んだり、立ち直ったりする本質的なしくみ」「人間が変化し成長していく原理原則」を徹底して教えてくださいました。この出会いで、「人間の素晴らしさ」「人間そのものを理解すること」の深さに驚愕し、その理論に魅了されました。

山崎さんのＮＬＰを継続して学び続け、次第に、自分のこれまでの保健室での対応について、うまくいった事例と、そうでない事例には、ちゃんと理由があったのだと気づきました。

だから、あの子への対応はうまくいかなかったのか！

あの子に何気なく言ったことばで、表情が明るくなった理由はこれだったのか！

あの子が、同じパターンの問題を何度も繰り返してしまうのはそのためか！

そこには、ちゃんと原理原則があったのです。

私の対応がうまくいかなかった理由はいくつかありますが、そのうちの一つは**「手法」で人を変えよう（＝コントロールしよう）としていたから**でした。また、感情や行動にばかり着目してしまい、相手の感情を何とかしてあげようと考えてしまっていたこと、子どもたちが起こしている「現象」をも「問題」としてとらえ、問題を消そうとしていたということにも気づきました。ほかにもいろいろな思い違い、勘違い、自分のパターンに気づくことで、私の子どもへのかかわりは、大きく変わりました。とにかく、**人間の「ことば」と「思考」と「行動」のかかわりを深く理解することなく、手法に頼ろうとしていたことで、結果として実に的外れな対応をしていた**のです。

その後もＮＬＰを学び続け、人間が落ち込んだり、立ち直ったり、成長していくしくみを理解できるようになると、生徒たちの表面的な言動や感情に振り回されなくなりました。そして、対応の基本は「現象の解決」から「問題の本質への切り込み」に変わりました。

すると、子どもたちも、自分の課題について自分で考え始めるようになり、今の状況を変えるために、自分ができる小さな一歩を踏み出せるようになりました。

「問題は問題ではなかったよ、先生！　私の思い込みだった！」と気づくようになった子もいました。問題だと認識する自分の思考パターンに気づくようになったのです。

そして、問題を成長のチャンスに変えることができるようになっていきました。

　これは、高度なスキルを使ったからではありません。人間理解を深めたからです。そのスキルがどうして人間に変化を起こすのかという原理原則を理解したからです。表面的に起きている「現象」を見て表面的な知識で原因を安易に特定することがなくなり、現象の背景や奥深くに存在する「問題の本質」を見る視点ができたからです。その視点をもって生徒を見ると、様々な本音が見えてきます。

　本書では、私自身の体験や受講生さんの事例など、できるだけ具体的な事例を用いて保健室から見えてきた子どもたちの「生きづらさ」「悩み」「自己否定感」の背後にある問題の本質についてわかりやすく説明しました。

　また、**大人自身が、よかれと思ってきたことの中にあった、逆に子どもたちの生きづらさを助長してしまうようなこと**についても、脳科学の視点から整理しました。これまで教育の現場で「きれいごと」で済まされてきたことにも鋭くメスを入れた部分もあります。子どもたちの生きづらさの事例やその対応法を通して、大人自身も向き合ってこなかった自分の中の生きづらさについて考えるきっかけとなれば幸いです。

「保健室から見える　親が知らない子どもたち」

目次

第2章 子どもたちのつぶやきの背景にあるものは？

第5章 主体的な生き方のための大人の役割
～脳のしくみを知れば、接し方ががらりと変わる

03 逆算思考を子どもたちに伝える……184

04 脳のしくみに沿ったほめ方、叱り方をする……193

カバー&章扉イラスト　pon-marsh
妖怪イラスト　小川直子
本文イラスト　戸塚恵子
本文デザイン　浦郷和美
ＤＴＰ　森の印刷屋
校正　鷗来堂

第1章

保健室には、親が知らない子どもがいる

教育現場における保健室の存在意義

❖「保健室」は、時代の変化に呼応する心と体の最前基地

学校現場から離れ、様々な業種の方々との出会いが多くなった中で驚いたことがありました。

それは、『保健室』に対するイメージが、本当にばらばらであること。

「赤チン（赤いヨードチンキの略。消毒液として用いられた）つけてもらうところ」なんていう時代錯誤的なイメージを持っている方も少なからずありました。「保健室＝応急手当＝けが人や病人が行くところ」というイメージが、いまだに払拭されず、その大切な存在価値が理解されていないことに驚きました。

法律に明示されている「学校保健」には、保健管理（Management）と保健教育（Teaching）という領域があります。

具体的には、傷病者への応急的処置、疾病予防、感染症対策、環境衛生、性教育、薬物乱用防止教育、メンタルケア、レジリエンス教育……。数え上げればきりがないくらいその守備範囲は広く、それぞれに専門性が求められています。

２０２０年、世界にパンデミックを引き起こした「新型コロナウイルス感染症」で、

日本の衛生習慣の高さが評価されたのは、まさに、日本の健康教育のたまものであり、長年、それに携わってきた養護教諭の努力によるものだと確信しています。

世界的に見ても「学校保健」という領域を持っているのは日本だけです。医務室、スクールナース、スクールカウンセラーなどは、世界各地に配置されていますが、教育職としての専門職が置かれているのは、唯一日本だけなのです（そのため、養護教諭は、YOGO Teacher　と訳されます）。

日本独自の「学校保健」という教育の領域は、明治5年（1872年）の学制発布から始まりました。明治期の課題は「伝染病の予防」「学校環境衛生の維持」「健康管理」の3点でした。明治期には、コレラや痘瘡《とうそう》が大流行。学校がクラスターとなる恐れがあったため、徹底して予防教育が行われてきました。大正期には、トラコーマをはじめとする伝染病や皮膚疾患などが流行し、その対策に重点が置かれました。戦前には、結核やアタマジラミ、戦後には、再び結核、加えて寄生虫対策が大きな課題となっていました。

終戦後、保健管理中心だった学校保健は、保健教育という新しい分野を取り入れることになり、昭和33年（1958年）の学校保健法の制定につながりました。

このように、学校保健の歴史を見ても、保健室が常に社会の変化における子どもたちの心と体の最前線にあったことがわかるのではないかと思います。

子どもたちの心の問題、体の問題には、常に、社会の縮図があります。

昭和・平成・令和と、時代を重ね、子どもたちを取り巻く健康課題はますます多様化し、複雑化しています。そして、平成の終盤あたりから、例えば、健康に関して良い生活習慣がついている（あるいは必要以上に過敏な）家庭と、ほったらかしの家庭がある、というように二極化が進んでいます。歯科領域は顕著で、食生活も同様です。

保健室という場は、社会の変化がもたらす子どもたちの心身への影響を、早期にキャッチできる場でもあり、その存在価値はますます高まっているのです。

心の問題に気づく出発点は「体調不良」「ふらりと立ち寄る」

教員以外の方に、「保健室では、メンタルケアや相談活動も行っています」という話をすると、不思議そうな顔をされます。

「今は、スクールカウンセラーも配置されているから、保健室でわざわざ相談する必要はあるのか」という疑問を持たれるようです。しかし、それは、大人の考えです。子どもたちは、違います。実際、教育現場では、子どもたちが直接スクールカウンセラーに相談に行くことは少ないのです。子どもたちの多くが最初に訪れるのは、保健室です。心の問題があったとしても……です。なぜでしょうか？

保健室は、「体調不良」「けが」という誰にでもありうる理由で、来室することができるという敷居の低さがあるからです。「ちょっと頭が痛い」「気分が悪い」「昨日のけががまだ痛む」という理由があれば、担任の許可で、授業中であっても保健室に行くことができるのです。

そういう意味で、保健室は「体調やけが」を理由に来室できるという免罪符があります。いじめを受けている子にとっては、相談室に行くことで、「何かチクった」と思われる恐怖から直接カウンセラーには相談できないということもあります。いじめだけでなく、「相談室に行った」ということで、「なんか悩んでるらしいよ」と、あれこれ言われるのではないかと考える子もいます。

しかし、保健室であれば、自分の「体」のことをきっかけに、養護教諭と話ができます。体調不良で来室する子、何度もけがをして保健室にやってくる子ども、何も話さないけどふらりとやってくる子どもは、言語化しきれない「何か」をもっています。そして、養護教諭は、そうした子どもたちをしっかり「みて」います。

養護教諭の「みる」は「見る、視る、診る、観る、看る」です。

これが、教育的にも、とても大切な部分です。体をとっかかりにして、子どもたちの内面やその背景までを把握し、教育に生かすことができるのが養護教諭であり、保健室という場なのです。

この点について、もう少し詳しく説明します。

メンタルの状態は、体に現れます。子どもたちの心の問題の多くは、体の違和感が出発となることが多いのです。子どもたちの悩みの相談というと、「話を聴く」というイメージを持つ方が多いと思いますが、保健室は、原則、体から入ります。

もちろん、自分のことを、しっかり話せる子もいます。しかし、保健室にやってくる子どもたちの中には、心の状態が言語化される前に、体の不調として現れてしまう子がいます。こういう子どもたちは、私が現職中にも、少しずつ増えてきたように思います。大人から見れば、メンタルの問題の可能性も否定できないなという事例でも、本人の中では、体で感じる不調と心の問題のリンクの認識がないということは、とても多いのです。

こうした子どもたちに対し、養護教諭は、まず主訴（腹痛など）に対しての問診などを行い、バイタルサイン（体温、脈拍、呼吸）などを確認します。このような体の手当てを通し、子どもたちが少しずつ心を開き、いろいろなことを話し出します。そこから先の対応はケースバイケースとなりますが、悩みがあるからといってすぐに言語化できる子ばかりではなく、むしろ**言語化できない子どもが増えています**。出来事と体調がつながっていない子どもに、出来事と体と心をつないであげることができるのが養護教諭ということになります。

「体調不良」で駆け込める保健室は、まさに、問題発見の大切な場となっているのです。

保健室は、レジリエンスを育てる最適の場

多くの方は、相談活動というと、カウンセリングというイメージが強いのではないでしょうか？

保健室は、教室ではなく、駆け込み寺だとか、癒しの場などといわれますが、私は、以前から一貫した考えを持っています。

それは、**「保健室は、教育の場であり、癒しの場ではない」**ということです。

私は、現職中も、保健室という場で「生きる力」を育てたいと考えてきました。

しかし、従来の感情にフォーカスしたアプローチに終始していると、「生きる力の育成」になかなかつながらないと感じてきました。生きる力とは、単に「強い、たくましい」という力ではなく、弱さもすべて受け容れたうえでの「しなやかな思考をもって生きることができる力」という意味です。

落ち込んでしまうこともＯＫ。ただ、必要以上に落ち込むのではなく、短時間で心を回復させることができる竹のようなしなやかさを持っているということです。いわゆる「レジリエンス（心の回復力、柔軟に生きる力）が高い状態」です。

レジリエンスを高めるための根底にあるものは「自己受容」（自分のプラス面もマイナス面もありのままの自分を受け容れること）であり、そのために必要なのは「メタ認知」です（メタ認知とは、自分の感覚・知覚・思考など自分の認知活動を客観的にとらえ、考えること）。これは、養護教諭として最後の5年間を過ごした子どもたちとのかかわりから、導き出した私なりの結論です。

子どもたちの話を聴いていると「私は、ネガティブだから」とか「私はバカだから」などの自分に対する決めつけの表現を多く耳にします。

「自分のことを好きになんかなれない」と嘆く子も1人や2人ではありません。

後で詳しく述べますが、子どもたちは、マイナスな自分を一掃し、プラスだけの自分になれば、もっと受け容れてもらえると思っています。だから、いかにして、マイナスを隠すか、消してしまうかに敏感になっていました。隠す方法が違うと、現象として現れる行動も違ってきます（非行・自傷行為・思春期やせ症・不適応など）。

私の勤務校に限らず、今でも、多くの大人が、その「行動」を何とかしようとし、マイナスの部分を正そうとしています。あるいは、心理に注目して、心を癒そうとしています。ですが、もともとの大きな勘違いが、更なる周囲のミスアプローチを呼んでいるのです。

行動を変えるために、説教をしたり、罰を与えたりする大人もいますが、一向に行動は変わりません。ことばがけを変えてみたり、優しく接してみたり、心を癒そうとしても、なかなかうまくいかないと感じている方は多いのではないでしょうか？

NLPで、人間の可能性の素晴らしさを学んだ後、私は、子どもたちが問題を抱えて来室したときは、「問題を成長に変えるチャンス」と考えるようになりました。保健室経営を根本から見直したのです。

この方針に基づいて対応を変えたところ、起きている問題（実は現象）を引き起こした思考パターン、言語パターン、行動パターンを子ども自身が気づくことで、次に同じような状況になったとき、別の方法で対応できるという「成長」に変わるようになりました。

これは、これまで子どもが「反応」していたことを、「対応」に変えられるようになったということでもあります。このアプローチを続けていると、子どもたちは「自分がどんな場面で、どんなきっかけでその感情にとらわれるのか」が少しずつわかってくるようになります。すなわち「メタ認知」が高まっていくのです。

保健室は、体のことを手掛かりに子どもたちが足を踏み入れやすい場所、そして、体の変調と心の問題をつないでくれる場所。そして、問題を「成長」に変える場所として、保健室の存在価値はとてつもなく大きいのです。

次の章では、実際に保健室対応した事例を中心に、子どもたちがつぶやくことばの背景にある無意識の「思い込み」をどう読み解き、どのようにかかわるかについてお伝えしていきます。

第2章

子どもたちのつぶやきの背景にあるものは？

保健室事例にみる、さまざまな思考パターン

01 成績が悪いから受験できる高校がない！と嘆くA君

中学校保健室に寄せられる進学の悩みは多い

中学校の保健室には進路に悩む子どもたちもやってきます。養護教諭は、進路指導についての専門ではありませんが、悩みの背景に目を向けることで、子どもたちの視点を変え、行動を導き出すことができます。

2学期のある日の授業後、

「おれさ、進学できる高校ないんだよね」と来室したA君。

「へぇ。そう思った理由は何かあるの？」

「だって、おれの成績でいける高校ってないんだもん。担任の先生にも、もう少し努力してみようって言われたし。努力って何すればいいんだよ」

中学校保健室あるあるの事例です。

この後の詳しいやり取りは省略しますが、その後の彼の発言で、ああ、そう考えているんだと思ったことばがあります。

「おれ、今までもそうだったけど、ずっとこのままなんだよ」

このことばは、何を意味しているのでしょう？

子どもたちは、まだ自分の未来を体験していません。だから、大人がどんなに、「そんなことないよ。がんばれば、人生変わるよ」と言っても、ピンとこないのです。

彼の問題は何でしょうか？

成績が悪いことでしょうか？

何をしてよいのかわからないことでしょうか？

私は、A君が無意識に持っている、ある「勘違い」に目を向けました。

時間の流れは、「過去→現在→未来」だという勘違い

多くの子どもたち、大人たちは、時間の流れを「過去→現在→未来」だと信じています。この思考が、子どもたちの意欲を奪ったり、あきらめの気持ちを生んでいます。

人生経験の少ない子どもたちは、過去と今をもとに未来を考えます。うまくいか

なかった体験や認めてもらえなかった経験という、過去の延長で未来を見ているので希望が持てないのです。そして、今の状態が、これからもずっと続くんだという勘違いをしています。

A君のような考えを持っている子どもたちは、とても多いと感じています。

過去と今の思考からいったん離れ、未来を体験する

A君のような子どもたちには「先に未来を見る」という考え方を伝えています。いったん、今と過去を手放して、ゴール（解決した未来・達成した未来）を先に描き、逆算してそのストーリーと行動を考えるという方法です。

進路に関して相談を受けた際、ゴールの設定をあまりにも現実的な「進学先」ではなく、あえて20年後にします。そのほうが、心理的な制限がかかりにくいからです。また、高校合格をゴールにすると、入学してからの目的を失ってしまうことも多々あります。ゴールの先の先を見据えることで、脳は「高校合格」を、通過点として認識するので、達成しやすくなるのです。

A君の場合も、この方法でアプローチしてみました。彼は14歳ですので、20年後は34歳になっています。

まずは、いったん、今の感情から離れ、その後、未来を先に体感してもらいます。

「A君。過去とか、今の成績とか、全く関係なく自由に未来が作れるよって言われたら、20年後、どんな生活しているかを想像してほしいんだけど、いいかな？」と質問しました。

「今がどうのこうの、過去はこうだったって話していても、つらいでしょ？　その状態では、いいアイディアは浮かばないから、先に未来を体験しに行こう」

この質問に、最初は戸惑っていたA君ですが、ちょっとゲーム性を感じたのか、「やってみる」と言ってきてくれました。

「じゃ、タイムマシンに乗りますよ。深呼吸して、ゆっくり目を閉じると体がリラックスしてきます」と、声をかけました。

「あなたが乗ったタイムマシンは、時を超えてゆっくりと未来に向かって動いています。さぁ、20年後に到着しました。A君。こんにちは。今、34歳ですね。今日は、34歳のA君にインタビューさせてください」（A君には、目を閉じたままで答えてもら

いました）

Ｑ どんなおうちに住んでるの？

名古屋に住んでる。マンションだよ。眺めがいいなぁ、ここ。

Ｑ 家には、他に誰かいるの？

あ、奥さんがいる。子どもも。台所から、夕食のにおいがする。

Ｑ どんな家族？

奥さん、髪の毛が長くて笑ってる。子どもは、まだ3歳くらいで、プラレールのおもちゃで遊んでる。男の子だ。

Ｑ どんな気持ち？

なんか、すごく落ち着く。体が温かい。明日も頑張ろうって気持ちで、家族を見てる。

Ｑ この毎日を手に入れるのに、一番頑張ったことは何ですか？

高校で、部活を頑張ったこと。これですごく自信がついたんです。

Ｑ 自信がついたら、どうなったんですか？

自分が明るくなったというか、いろいろやってみようって気になったんです。

こんなやり取りのあと、最後にこう付け加えます。

「今感じている気持ちや体の感覚を、じっくりと味わって、体中にインストールしてください。そして、平成●●年10月△△日現在の自分にひと言、メッセージを伝えてください」

A君から出たことばは、「あきらめずに、やれることをやれ！」でした。

「A君、それでは、平成●●年10月△△日現在に戻るよ。今の気持ちと感覚をもったまま、タイムマシンに乗ります。……ゆっくりと時が戻ります」

体感した未来から逆算する「back one step」のワーク

「A君、どうだった？」

「すごく楽しかった。気持ちよかった！」

「脳の深いところ（潜在意識）には、時間と空間が存在しないので、先に未来を見ることができるんだよ。面白いよね。そして、まだ見ぬ未来もちゃんと知っている」

A君は、へぇという顔をしていましたが、ふっと真顔になり、

「未来の自分が、やれることをやれって言ったけど、具体的に何すればいいのか、やっぱりわからない」とつぶやきました。やるべきことをやれ！　は、確かに抽象的で変な精神論にすら聞こえます。

そこで、**「back one step」**というワークをしました。達成した未来を描いたら、その未来から一歩ずつ下がって、達成した未来に行くまでのストーリーや行動を体感的に確かめるワークです。

20年後の自分のスポットを決め、立ってもらいます。

そして、そこから、一歩ずつ後ろ向きに下がってもらいました。

「未来では、高校で部活頑張ったから自信がついたって言っていたよね」

「そうそう、だから、おれ、合格してるってことだよね！」

「そうみたいよ。じゃ、ゆっくりと、後ろ向きで下がりながら高校生の頃まで戻ってみて。自分の感覚でこのあたりかなってところで止まってください」

A君はゆっくりと下がりながら、途中でぴたりと止まりました。

なんだか、にやにやしています。

「なんかうれしそうだね」と声をかけると、

「今、部活やってる。めっちゃ楽しい！」

「そうか、よかったね。少し、その感覚を楽しんで、体にインストールして」

「うん、できたできた」

「オッケー。じゃ、今日はここまで。明日は、その日を迎えるまでに何をすればよいかの作戦を立てましょう！」

「わかった。明日また来る」

A君は、元気に部活に向かいました。

脳がワクワクする未来を脳のナビにインプットする

最近は、よい未来をイメージすることは大切だと多くの人に知られるようになりましたが、単に頭の中で映像を思い浮かべるだけでは、効果としてはとても弱いのです。イメージと同時に五感を十分に動かすように導く質問をしてあげることが大切です。

特に言語化するのが苦手な子どもたちには、無理やりことばにさせるより体感させてあげるほうが効果的です。音、声、感覚、体温、体の反応など、あらゆる情報を本人が実感し、プラスの感情が生まれてくるように導きます。臨場感たっぷりに未来を体感することが、目標達成の大きなポイントです。

脳には、網様体賦活系《もうようたいふかつけい》（通称ＲＡＳ）という部位があり、車のナビゲーションシステムのような働きをしています。ワクワクする目的地を設定すると、早くそこに行きたいと様々な情報やそこにたどり着く道を発見してくれます。

前日のワークで臨場感たっぷりに未来を体感したA君は、次の日からは、保健室で「スモールステップコーチング」というワークで、高校で部活を頑張っている自分というラストシーンに向かうための行動計画を立てました。この日は、今からすぐできる「小さな一歩」を決めることができ、動きだすきっかけをつかみました。

定期的に保健室を訪れ、「1点あげるために何ができるか」を考え、取り組み、具体的に何をすればよいのかを自分で考え、行動し、見事希望校に合格しました。

まとめ

相談者の意識を目の前の「問題」から達成した「未来」に変えてあげよう。そのためには、「それが達成した未来はどうなっているかな」という質問が効果的です。

02 自分を多重人格だと思い込んでしまったBさん

本当の私はいい子じゃない

この事例も、子どもたちが陥りがちな思い込み、勘違いを象徴しています。

中学2年生のBさんが、暗い表情で保健室にやってきました。Bさんは、おとなしい生徒ですが、素直でなんでも努力する真面目な子という印象がありました。

そのBさんの悩みはこうでした。

「先生、私は、多重人格という心の病気だと思うんです」

私は、小さな目を最大限に見開いて「ええ？　どういうこと？」と問い直すと、こんな答えが返ってきました。

「私、学校では、みんなから、真面目だとか素直だとか優しいとかって言われるけど、本当の自分は、違うんです。家では、わがままで怠け者で、だらしなくて、親に暴言も吐きます。なんでこんなに違うんだろうって思ってネット検索したら、多重人格というのが見つかって。あ、私、これだ！　やっぱり病気だったんだって思って……」

　正直、「はぁ？」という感じでしたが、これもまた、多くの子どもたちが勘違いしているることなのだと思いました。


「あのね。Bちゃん。本当の自分なんていないよ。家の自分と学校の自分が違うって当たり前のことだよ」

　と伝えると、今度はBさんの目が点になるのがわかりました。

「頑張る自分も、素直な自分も、優しい自分も、怠け者の自分も、だらしない自分も、暴言吐く自分も、全部あなたで、本物も偽物もないよ。ついでに言えば、あなたそのものでもない。あなたを構成している小さな自分に過ぎないんだよ」

　Bさんは、少し驚いたようでしたが、すかさず、

「もし、そうだとしても、悪い私は消さなきゃダメだよね？」

「消さなくていいよ。Bちゃんの一部だもの。そんな自分もいるんだって認めちゃえばいいよ。そんな自分はいちゃいけないって思えば思うほど、その小さな自分は、存在を認めてほしくて暴れ出すんだから。私たちの世の中は、全部、対《つい》でできているんだよ。光が強いと影が濃くなるでしょ？　あたり前のことなのに、みんな影だけ消し

たがるの。影の部分を消せば、光100％になって、そうすれば、みんなから愛されるって思っている子は多いけど、違うんだよ」

Bさんは、まだしっかり納得がいっていないようでした。ただ、病気ではなく当たり前のことだということに、少しほっとしたと言っていました。

光100％になっても愛されるわけではない

子どもたちの生きづらさの大きな原因の一つが「欠点がある自分は、愛されない」という誤解です。「この欠点があるからダメなんだ、こんな欠点を人が知ったら、誰も受け容れてくれなくなる。だから自分の欠点の姿を見せてはいけない、見せないように生きなくては。欠点はすべてなくして光100％にならなくては」

少々極端ですが、子どもたちの話を聴いていると、一見明るそうな子や学力が高い子の中にも、こんな恐怖をもったまま生活している子がいるとわかります。その恐怖は、子どもたちにいろいろな表現をさせています。欠点を見えなくするために無理にポジティブにふるまう子、いい子でいようとする子、自信なくおどおどして自己表現しない子、力ずくで周りを従える子。すべて根底は同じ「ダメな自分は受け容れてもらえない」という恐怖ではないかと考えています。

私が主催する「保健室コーチング」の講座では、面白い実験をします。

①普段の自分
②自分のマイナス要素をすべて追い出し、光100%になった自分
③マイナス要素もすべて自分の大切な一部として受け容れた自分

イメージを使った体感ワークです。受講者に①〜③それぞれの状態で、ほしいものを取りに行ってもらいます。すると、一番パワフルになれるのは③、次が①、次が②です。

影を排除し、光100%になっても、マイナスをすべて否定し追い出した状態では、パワーダウンしてしまいます。

光と影という本来は一対のもののどちらか一面を嫌っているのですから、その人本来の人間味も生きるパワーもなくなってしまうのです。

隠せば隠すほど、まわりからは見えている不思議

Bさんとは別に、C子さんという女子中学生の例もあります。

C子さんの場合は、Bさんよりさらに頑張り屋で、部活のキャプテンや生徒会の役員を務め、さらには、困っている子に積極的にかかわる優等生でした。しかし、ある日、保健室に、「気分が悪い」と来室。そのままベッドで休養するのですが、気づくと布団をかぶって泣いているのです。理由を聞くと、C子さんは次のように話してくれました。

「私は、本当はそんないい子じゃない。ニコニコ笑いながらも心の中でうざい！ って思ったり、なんで私ばっかりと思ったりしている。私は本当はみんなが思っているような子じゃない。でも、それをみんなが知ったら、私を信じていた友だちもみんな離れていってしまう」

Bさんより重症で、光と影のバランスが取れなくなっていたようでした。

「そうか、それで泣いていたんだね。先生の意見を言ってもいい？ 先生は、自分のマイナスな面をみんなに話してみてもいいんじゃないかなって思う。弱い面も見せ

ちゃった方が楽なんじゃないかなと思うんだ。どうかな？」

という話もしたのですが、頑《かたく》なに拒否していました。

C子さんはその後も、保健室にふらりとやってきてベッドで声を殺して泣く。しばらくして、顔を洗って、目の腫《は》れが引いたのを確認して、教室に戻る。そんなことが数回続いていたある日。

「先生、やっぱ、もうこんな気持ち持っているのはいやだ。まずは、思い切って一番仲のいい子たちに話すことにした」と、C子さん自身から伝えてきました。

「うん、それがいいよね。きっと、みんなわかってくれるよ」と送り出しました。

2日後、C子さんはニコニコして、保健室にやってきました。

「先生、ばかみたいだった！　仲良しグループの3人に、私はみんなが思ってるようないい子じゃなくて、意地悪なところも、めんどくさがりのところもある。今まで隠していたけど、結構ダメ人間なんだって伝えたの。ドキドキした！　でも、3人は大笑いしたんだよ。『そんなの知ってるよ。今頃何言ってるの。それも含めて友だちでしょ！』って言ってくれた！」

C子さんの事例でもわかるように、人は自分のマイナスを隠そうとするのですが、隠せば隠すほど、まわりからは実は丸見えです。だったら、いっそ、**そのマイナスも自分の一部として受け容れてしまった方が、もっと楽に自然体で生きることができる**ようになるのです。

私は、全国の小中学校で、児童生徒向けの話をしていますが、BさんとC子さんの事例は、特に思春期の子どもたちから大きな反響があります。この誤解を解いてあげるだけで、子どもたちは、もっと自分を大切にできるのではないかと考えています。

まとめ

森羅万象、すべてのことは、光と影で一対。いろいろな自分があってもよい。影を消して光だけになることに意味はありません。それよりも、影の部分もまとめて自分だと認め、丸ごと抱えて生きていくことにこそ価値があるのです。

03 この欠点を直したい！　と訴えるD君

お前の声はでかくてうるさいんだ！

もう一つ、とても印象的な事例をご紹介します。

中学1年生のD君。ある日、ふくれっ面で、来室しました。

「おれは、授業中に、声がでかくてうるさいとか、声が大きすぎるぞとしょっちゅう注意を受ける。さっきもまた言われた。なんか、腹立ってきた。おれは、この欠点を直したい！　先生、どうしたらいい？」

子どもたちの相談の中には、自分の欠点についてのものがとても多く、この欠点を直したい！　と訴えます。

D君も同様に、欠点を直す方法（解決法）をすぐにでも知りたかったようですが、私はそれには応じず、こんな質問をしました。

「ちょっと確認したいんだけど、その大きい声がプラスに働く場面はある？」

D君はキョトンとした顔をしていましたが、「大きい声がプラスに働くとき……」と考え始めました。そして、

「あ、そういえば、部活のとき、お前の声は大きくていいぞと、先輩にほめられたことがある。それから、体育大会では大きな声で応援していたら、D君の応援聞こえたぞと言って、後から喜ばれたことがあった」と、話してくれました。

「ということは、それ、欠点とは言い切れないよね」

「うーん。確かにそうだけど、でもやっぱり、授業中はうるさいって言われるんだ」

「そうだね、授業中に大きな声を出しすぎると、それはマイナスになってしまう。でも、部活や体育大会では、ちゃんとプラスにできている」

「うん」

「だからね、そもそも欠点とか短所とか長所とか、ないんだよ」

「そうなの⁉」

「そうだよ。そういうのを一つにまとめると『特徴』っていえるよね。先生は、その特徴を、どの場面で使えばプラスになって、どの場面で使えばマイナスになるかを考えて使い分ければ、悩む必要なんてないんじゃないかって考えてるんだけど、どう？」

そんな話をするうちに、D君も、納得してくれました。

私は、常々子どもたちのこうした相談に違和感を持っていました。

それは、子どもたちも大人も無意識に長所と短所（欠点）があることを前提にして話を進めているということです。

そして、子どもたちが、「○か×か」、「AかBか」にとらわれている場面で、支援する大人までが、同じ視点からアドバイスをしようとします。その結果、うまくいかないケースが多いのが現状です。問題の本質を見ることなく、現象を何とかしようとしてしまうからです。D君の例でも、「長所」「短所」という視点から抜け出さないまま、解決策やアドバイスをしようとすると、方法論ばかりのやり取りになってしまうのです。

意味のリフレーミングと状況のリフレーミング

長所を扱う指導や相談事例では、「声が大きい」を「元気がある。エネルギーが高い」という、欠点と思われる部分をポジティブな表現に意味を言い換える、「意味のリフレーミング」がよく用いられます。

確かに、表現を言い換えることで、自分にダメ出しすることが少なくなるかもしれません。リフレーミングというと、この「意味のリフレーミング」と思っている大人も多いようです。この方法では、その場の感情を収めたとしても、D君のように「それを何とかしたい」という子にとっては、具体的な行動を考えるまでには至らないのです。

そもそも、リフレーミングとは、ある出来事や物事を、今とは違った見方をすることで、その意味を変化させて、気分や感情を変えることです（物事を見るその人独自の視点をフレームと呼び、それを変えることをリフレーミングという）。

物事にはほかにどんなプラスの意味があるだろうか？　という視点でフレームを見直すことを「意味のリフレーミング」。

特性や特徴は「他にどんな状況なら役立つか」という視点でフレームを見直すことを「状況のリフレーミング」と言います。

Ｄ君の相談事例では、私は、「短所（欠点）」と「長所」という考え方に対し、一つ高い視点から、「特徴」という表現を使いました。ＡかＢかという視点では見えなかったことが、一つ上の視点から考えることで、突破口や解決策が見えてくるのです。そして、Ｄ君には「状況のリフレーミング」を活用し、「どの場面でどの特徴を使えば、プラスに転じるか」を一緒に考えるために、次のような提案しました。

- その特徴があることで、プラスになる場面とマイナスになる場面を書き出す。
- マイナスになる場面で、声の出し方を変えるために、具体的にどんなことができそうかを考える。

このアプローチで、Ｄ君は、自分の中から具体的な行動を発見しました。Ｄ君の相談内容とこれからのチャレンジについては、担任や主任の先生にも報告しました。先生方には、Ｄ君が努力している姿を承認することばがけをお願いしました。先生方の全面的な協力により、Ｄ君は、自分の特徴をプラスに生かす場面で生き生きと活動し、マイナスを起こす場面では声の出し方を意識できるようになりました。

子どもの課題にかかわる大人が「解決像」と「手立て」を共有することで、子どもたちのチャレンジを引き出せたと実感した事例でした。

まとめ

大人はついつい、短所を修正しようとしたり、意味のリフレーミングでごまかそうとします。長所と短所を「特徴」と捉え、一人の人間の中にある様々な人格を、「適材適所」で活躍させると考えると、可能性の幅は大きく広がります。

04 嫌われないように、周りに合わせることが苦しいと訴える子どもたち

妖怪「泡セール」に取りつかれると…

中学生向けの講演で、「生きづらさ妖怪」のお話をすることがあります。

生きづらいのは、周りのせいではなく、自分の思考パターンによるものだということを、オリジナルの妖怪キャラクターを使ってお話しします。この講演は、多くの小中学校で、大好評をいただいています。

その中で、子どもたちが爆笑しながらも、「私のことだと思った」「ぼくもやってる！」と、多く挙がってくる感想が「妖怪泡セール」です。人に合わせるから「泡セール」。

妖怪泡セールは、私のオリジナル教材『生きづらさ妖怪攻略ＢＯＯＫ』に登場します。この妖怪は、子どもたちの人間関係に巧みに入り込み、子どもたちを苦しめます。

その特徴をまとめると次のようになります。

必殺技：存在消しの術

特徴：嫌われたくない、仲間はずれになるのは嫌だという気持ちが必要以上に強くなりすぎる。自分の意見と違っていてもそれを言えない。自分は嫌いではない相手に対しても、グループの子たちが嫌がる子には、冷たい態度を取ってしまう。自己嫌悪となるが、それをやめることもできない。

妖怪泡セールに取りつかれる子どもたちは、とても多いのです。私が、現職中にも、「本当は嫌だけど、仲間はずれにされるのが嫌だから」「遊びに誘われて行きたくないけど、いない人の悪口が始まるから怖い」などの相談を何例も受けてきました。

こうした現象の背景にあるものは何でしょうか？　私は、子どもたちの話を聴くと、そこにもたくさんの勘違いがあることに気づきました。

泡セール
必殺ワザは、存在消しの術

断ることはいけないことという勘違い

勘違いの一つは、「断ることはいけないこと」「友だちなら断ってはいけない」という思い込みです。

私の娘の事例を紹介します。

娘が、小学校低学年の頃、友だちから「私、宿題忘れたの。だから、あなたも一緒に宿題忘れたことにして」と言われ、宿題をやってきたにもかかわらず、忘れましたと言ったことがありました。

夕食のときに得意げにその話をするので、驚いて理由を聞くと、「だって、友だちでしょ？　って言われたから。友だちが困っているときは優しくするんだよ」と、まるでいいことをしたから誉めてくれと言わんばかり。

「あのね。どんなに仲の良い友だちでも、断ってもいいんだよ」と伝えたら、

「ええ？　断ってもいいの？　友だちなら、断っちゃいけないんじゃないの？」と返ってきました。

この出来事で、子どもたちは、「断ること＝いけないこと」と固く信じているのだ

と驚いたのです。この自己犠牲的な思考と断ることへの罪悪感は、日本人特有のものかもしれません。

「和」と「同調」を混同するから苦しくなる

「和をもって尊しとなす」は聖徳太子のことばですが、彼が伝えた「和」とは、「みんなと同じことが全部いい」とか「みんなの意見に従いなさい」とか「自分の意見を言わずに、周りの言うことに合わせなさい」という意味ではありません。

しかし、保健室で子どもたちの話を聴いていると「和」と「同調」を混同していると感じることも多くあります。

「和」という漢字は、「和《あ》える」という使い方をされます。「和える」は、ほうれん草の白和えのように、異なるものを混ぜ合わせ、なじませる、そして新たな価値を作り出すという意味で使われています。「和」の本来の意味は、敵同士を仲直りさせるという意味であり、相手と自分のいろいろな違いを認め合い、より良いものを作り上げていくというところにあります。そのベースは、『**一人一人の違いの尊重**』です。

しかし、子どもたちが考えている「和」は「同調」なのです。「同調」を定義すると、以下のようになります。

〈判断、態度、行動について、他の人や集団の意見やこうしてほしいという期待にそって、それらと同一のあるいは似たような行動をとること。その場の空気が作り出す独特の考え方や価値観に合わせようとすること〉

大人は根気よくこの違いを教え、さらに自分が「和して同ぜず」という生き方を示す必要があると私は考えています。「和して同ぜず」とは、人と協調はするが、正義や本当に大切なことを捨ててまで、自分の心を失うようなことはしないという意味です。

多くの子どもたちは、自分がまわりに受け容れてもらうことばかりに心が行き、自分の気持ちを表現することをあきらめているように思います。周りに合わせて生きていくことは、一見楽なようで、実は一番大切な自分自身を偽るというとても苦しい生き方ではないでしょうか?

そもそも何かを断ったくらいで、仲間はずれにする人がいたとしたら、それは本当の友だちじゃなかったということでもあります。

I（アイ）メッセージを使った断り方トレーニングの必要性

「和と同調の違い」「和して同ぜずの生き方」を教えるだけでは、子どもたちの「現実対応力」を高めることはできません。

そこで私は、子どもたちに、コミュニケーションの一つとしての「断り方」の方法を伝えてきました。

「私は」「ぼくは」という主語を入れて、表現する方法です。もしも、自分のグループの人と意見が違っても、言い方ひとつで、自分の意見を伝えることができます。

たとえば、

『ぼくはみんなの意見を聞いて、いろいろな考え方があると思って、なるほどと思ったよ。それで、ぼくは少しだけ違う意見なんだけど、聞いてくれる？　ぼくは、そのことについて、○○だと感じているんだ。そこで、ぼくの提案だけど、〜という方法もあると思うんだけど、どうかな？』

なかなか難しいかもしれませんが、基本的な考え方として、「相手の意見も否定せず、自分はこう感じている、そして、自分なりの代案を出し、相手の意見を聴く」という流れです。こうした学びは「アサーショントレーニング」ともいわれます。子どもも大人もぜひ、身に付けたいコミュニケーションの方法です。

まずは大人同士がコミュニケーションで使い、その姿を子どもたちに見せるのが一番効果的かもしれません。

まとめ

子どもたちの心に蔓延する「断ることは悪いこと」という罪悪感。これは大人も同様です。断ることと人間関係は別のこと、断ってもよいのだと伝えましょう。そして、アサーションという手法など、具体的なスキルも教える必要があります。

05 夢がない自分にダメ出しをするE君

お前は夢もないのか！ と言われて…

中学2年生のE君が、昼休み中、ふらりと保健室にやってきました。

昼休みは、たくさんの生徒が来室するため、何か言いたそうですが、なかなか切り出せない様子でした。E君が最初に訴えたのは「気持ち悪い」ということばでした。

最近の子どもたちは、頭痛でも腹痛でも、様々な症状を「気持ち悪い」と表現します。

養護教諭として経験が少ない頃は、「気持ち悪い＝吐き気」という捉え方しかできず、慌てて洗面器を持ってきた覚えがあります。

子どもの言う「気持ち悪い」ということばは、そのまま受けるのではなく、具体化していく必要があります。

「気持ち悪いって、吐き気がするっていう意味？」

「いや、おなかが痛いんです」

「ああ、おなかが痛いのね」

検温や視診、問診、触診などで体のようすをみて、E君に特に緊急性はないと考えました。昼休みはいろいろな用事でやってくる生徒で、いつも賑やかでしたので、ベッドのある休養コーナーで、彼の話を聴くことにしました。

「なんか気になることとかあるの?」

「えっと、夢がないんです。これってまずいっすよね」

「え? どういうこと?」

E君の話をまとめるとこうでした。

■ 祖父に、将来の夢を聞かれて、今特にない、と答えたら、最近の子どもはどうしようもないと言われた。
■ 将来の職業をすでに決めている子もいるのに、自分にはそういう夢がない。
■ 将来の夢はこれ、と言えない自分はダメな奴なのかと考えるとおなかが痛くなった。

夢を持ちなさい。夢はあるのか。あなたの夢は何?

子どもたちは、希望をもって生きていってほしいという大人の思いとは裏腹に、「夢」ということばに戸惑っています。そんな子どもたちの話を聴いていると「夢＝職業」という思い込みがあるように思えてなりません。E君のことばからもそれがうかがえました。

職業は夢ではなく、手段

そこで、E君に聞いてみました。

「E君、君の言う〈夢がある〉って、なりたい職業が決まっているっていう意味なの？」

E君は、びっくりした顔をして
「違うんですか？　クラスのKさんは、看護師になりたいって言っていました。Y君はシステムエンジニア、H君は保育士、Oさんはミュージシャン……」

「なるほど、そんなふうに話している友だちがいると、そう感じるよね。じゃ、もし、システムエンジニアという仕事がこの世の中からなくなったら、Y君はもう夢そのものがなくなっちゃうってことなの？」

E君はしばらく黙っていましたが、「そのときは、別の職業を探すんじゃないかな」

「でも、夢だと思っていた職業がなくなったとしたら、夢をなくした人生を生きていくってこと？」

E君は黙ってしまいました。

「先生はね、保健室の先生になることが夢だったわけじゃないんだ。職業でいうなら漫画家になりたかった。でも、やりたい職業につけなかったからといって夢をあきらめた人生を送っているわけじゃない。漫画家になって「漫画」を通して伝えたいことがあったんだ。漫画を描きたかったわけでも、漫画をヒットさせて大金持ちになりたかったわけでもなくてね。伝えたいことがあったんだ。それがわかると、伝える手段は漫画でなくてもいいってことなんだよ。やりたいことは、メッセージを世の中に伝えることだったから、その手段の一つとして保健室の先生があったってこと」

するとE君は、

「じゃ、なりたい職業が決まってなくていいの？」

「いいんだよ。これから、いろんな体験をしながら、自分が楽しいと思うことや得意なことや、自分が何に対してうれしいのか悲しいのかを考えていれば、手掛かりが見つかるよ」

E君は、ほっとした表情になっていました。そして、その後の進路学習（キャリア学習）の授業で、E君の背中を押す出来事がありました。Y君が、システムエンジニアを目指す理由をこう話していました。

「自分が作ったものを人が使ってくれて、役立つのがうれしい」

この理由を聞いた講師の先生（キャリアカウンセラー）は

「じゃ、あなたが大人になったとき、システムエンジニアという職業がなくなっていたとしても、その目的が明確なら、別の職業でその目的を果たすことができるね」と話してくださいました。

E君は、この授業の後、

「保健室で聞いた話と同じだった。すごくおもしろかった」と喜んでいました。

夢＝職業ではありません。職業は手段です。その手段を使って何がしたいのか、どんな人生、どんな未来をつくりたいのかという目的こそが大切なのではないでしょうか？

夢というキラキラした抽象的なことばは、希望を与えるようにも感じますが、逆に子どもたちの重荷になってしまっている例もあります。夢があるからよい、ないからダメという枠で考えるのではなく、もっと大きな視点で子どもたちが自分の可能性に気づけるようなかかわりが必要なのではないかと感じます。

まとめ

「夢を持つことはいいこと」という短絡的な考えを押し付けると、子どもは混乱します。未来に希望を持たない大人のことばなど、響きません。「夢があるからよい、ないからダメ」ではなく、大切なのは、どんな未来も自由に描けるよ！　というメッセージです。

06 なんで、自分はダメなんだろう？と自分を責めるつぶやき

「なんでなんで攻撃」が苦しい感情を引き出す

私が主催する保健室コーチングでは、子どもたちが失敗したとき、子どもたちをさらに混乱させるかかわり方を「なんでなんで攻撃」と呼んでいます。

「なんで、遅刻したの！」「なんで、何回も同じこと言わせるの！」「なんで、できないの！」などという伝え方です。自分たちが子どもの頃、こういう言い方をされたので、無意識に使ってしまうのです。しかし、こういう表現によって、子どもたちは心を閉ざし、意欲を減退させ、自己否定感を強めてしまいます。

児童生徒向けの講演などで、子どもたちに、大人から「なんで～なの！」と言われると、思わずムカついてしまったり、悲しくなったり、やる気をなくしてしまうことはないかと尋ねます。

子どもたちの多くは、大きくうなずきます。そして、私は、こんな話をします。

「私が保健室の先生だった頃、遅刻した子どもに〈なんで遅刻したんだ！〉と指導している先生がいました。〈なんで?〉って聞かれたから、その子は〈お母さんが起こしてくれなかった〉という理由を言ったんです。そしたら、先生が〈言い訳するな！〉と返しました。でも、おかしな話ですよね。この先生は、〈なんで?〉」と聞いた。英語で言うと『WHY?』です。だから、その子は『Because……なぜならば……』で答えただけ。で、話は、これだけで終わらない。数日後、また、この子は遅刻をしました。再び「なんでなんで攻撃」が始まりました。〈なんで、また遅刻したんだ！　あれほど言ったのに〉と、叱られたのです。しかし、この子は、今度は黙っていました。前回、〈なんで〉に〈なぜならば〉で答えたら、言い訳するなと言われたから。しかし、黙りこくっているこの子に、再び先生が言いました。〈なんで黙っとるんだ！　なんで答えないんだ！　黙秘権か！〉って。

これ、〈なんでなんで攻撃〉って言うんだけど、理由を言っても黙っても叱られるんです。本当に不合理ですよね」

子どもたちからも大人からも、笑いが起きるエピソードです。

人から言われて嫌な「なんでなんで攻撃」を自分にもしている

このエピソードのあと、子どもたちには、こう問いかけます。

「今、みなさんは、なんでなんで攻撃をされると嫌だと言ったけど、自分に対して使ってしまっているということはないでしょうか？」

実は、レジリエンス（しなやかに生きる力）の視点から考えると、落ち込みやすく、なかなか立ち直れない子どもたちは、うまくいかなかったときの最初のことばが「なんで」なのです。

「なんで、あんなこと言っちゃったんだろう」

「なんで、自分はいつも同じミスばかりするのだろう」

「なんで、あそこでミスしたんだろう」

「なんで、私は、こんなにバカなんだろう」

そんなことばを使っています。

このことを伝えると、子どもたちは「あ！」という表情をしたり、お互いに顔を見合わせて、にやにやしています。

「なんで?」というのは、質問です。人間の脳は、質問の内容によって、意識する焦点の方向性がきまります。そして、その焦点の方向性に沿って思考をし、答えを探すという性質があります。

「なんで、あそこでミスをしたんだろう?」とつぶやいたとしたら、その瞬間に、脳の焦点は、「過去」と「うまくいかなかったこと」に向かい、それに沿って思考をし、その答えを見つけます。その答えの多くが、「だって自分がダメだから」とか「能力がないんだ」など自分自身を否定するものになる可能性は高いのです。これが、落ち込みやすく立ち直りにくいという子どもたちのパターンの一つでもあります。

ピンチをチャンスにすることばを使おう

保健室にやってくる子どもたちの中にも、過去と問題に焦点を当て続け、「なんで、いつもこうなんだろう」とつぶやく子はたくさんいます。そこで、私は、保健室にやってくる子に「ピンチをチャンスにかえることば」を伝えていました。

■ピンチを大ピンチにすることばは、「なんで〜しちゃったんだろう」という言い方。脳が、過去と問題点にフォーカスして、どんどん気持ちも体も重くなってくる。自分のダメさばかりが目についたり、後悔や罪悪感に苦しんでしまう。

■ピンチをチャンスにすることばは、「次は、どうやったらうまくできるかな？」「今回のことで、次に生かせることはないかな」という言い方。脳が、未来と解決策にフォーカスして、その答えを探してくれるようになる。気持ちも体も軽くなってくる。次に向かっての行動を思いつく。

■「うまくいかなかったこと＝失敗」という考え方もあれば、「うまくいかなかったこと＝成長のチャンス」という考え方がある。どちらを選択するかで、落ち込みの深さも、感じる感情も、立ち直りの早さも変わってくる。

子どもたちの指導では、単に「ポジティブなことばを使おう」という抽象的な話より、自分のことばによって脳がどのように動くのかというしくみを教えることが必要だと考えています。そのうえで、具体的にどんなことばを使うとよいのかを伝えれば、子どもたちの納得度が高まります。

子どもたちは、きれいごとや説教、精神論には耳を傾けませんが、科学できちんと説明すると、ちゃんと受け取ってくれます。

まとめ

うまくいかなかったときの最初のことばで、脳の焦点が決まります。それは、「過去と問題点」を見続けるか、「未来と解決策」を見るのかという無意識の選択です。「なんで?」より「どうやったらできるか」と問いかけることで、脳の動きが変わります。

07 先生、絆創膏！と言って来室する子どもたち

「単語や表情だけで伝わる」と学んでしまうと…

保健室に来室する子どもたちで、気になるのは、「先生、けが！」とか「先生、絆《ばん》創膏《そうこう》」といって来室してくる子どもたちです。

大人である私たちは、それが「けがをしました。手当してください」「絆創膏が欲しいです」という意味だと察することができます。だからといって「あら、けがしたのね。手当しましょうね」とか「はい、絆創膏あげるね」という行為は、本当に子どもたちのためになるのでしょうか？

私は、「先生は、けがという名前ではありません。けががどうしたの？　けがをさせたの？　自分がした？　それとも、させてほしい？（笑）」と返していました。

こう言われた子どもは「あ、けがをしました。手当してください」とちゃんと言い直すことができます。

「そうだね。ちゃんと必要なことを言うトレーニングをしようね」と言うと、多くの子どもたちは「そうか」という顔をして、徐々に、自分が伝えるべきことを表現できるようになります。

私は、保健室でのふだんのやり取りの中で、子どもたちに「必要なことを言語で伝える」ということを徹底していました。そんなある日、「先生、これ」と言って、腕を見せてきた生徒に対し、いつものようなやり取りをしていたときのこと。たまたま保健室にいたF子さんが、こんなことを言いました。

「先生、冷たいよ。優しくないよ。これって言って、腕を見せたら、けがしてるってわかるし、手当してほしいんだってわかってるんでしょ？　すぐにやってあげればいいのに。それ、いじわるじゃん」

子どもたちの反応は、面白いですね。確かに、私はわかっています。いい人と思われたいのなら、察して手当をしてあげればよいのです。

F子さんには、こんな質問をしてみました。

「相手が言いたいことを、全部察して動いてあげるってことは本当に優しさかな」

「そうだよ。してほしいことをやってあげることが親切なんだよ」

「そうなんだ。なるほど。じゃ、最後まで言わなくても察してあげればいいの？」

「違うの？　だって、そのほうが優しいやり方じゃん」

「うーん。確かにその瞬間は、優しいいい人になれるよね。少なくとも、卒業するまでの3年間、桑原先生はいい人と言われる。でも、何も言わなくても、まわりが全部察してやってくれるのが当たり前のまま、大人になったらどうなのかな？　社会では、ちゃんと言わないと伝わらないし、仕事にならないこともたくさんあるよ」

このことばに、しばらく考えていたF子さん。

「そういうことか。そうだね。今はよくても、大人になってから困るってことか」

と理解してくれたようでした。

言語化しなくても、察して動いてくれる大人がいると、学校でも単語でものを伝えたり、態度や表情だけで相手に自分の要求を察してもらおうとするパターンを身につけていきます。

学校の中にも、何でもやってあげることが大人の役目と思っている教師もいます。言わなくても、察してあげることが親切だ、愛情だと思っている大人はとても多いように思います。この点については、第5章で詳しく説明します。

保健室は、癒しの場ではありません。教育の場です。ですので、**瞬間的な「いい人」をやっているだけでは子どもたちの生きる力を高めることはできない**と考えています。そうした対応で、子どもによっては「あの先生は、優しくない」「冷たい」となるのかもしれません。だからといってそのまま察してあげることは、長い目で見て、本当に「教育」として、どうなのか？　その子のためにならないのではないかと考えています。

妖怪「サッシ手」が周りを傷つけている現実

Ｆ子さんのように「してあげること、察してやってあげること」が優しさだと思い込んでいる子どもは、とても多いと思います。優しい子ほどその思いも強く、子ども同士の関係でも「してあげる」をやってしまう子がいます。

誰かが、ため息をついて何か言いたそうにしていたり、泣いていたりすると、「どうしたの？」と、声をかけます。相手は何も言わないのに、何とかして察してあげようとし、声をかけたり、あれこれやってあげたりします。しかし、それが相手にとっては的外れであったりすると、「あんたに何がわかるの」と逆ギレされることもあります。そして、親切心で声をかけた子が、傷ついてしまうケースもありました。

児童生徒向けの講演では、「ことばでは言わないけど、相手には自分の思いを察してほしいと考えるときは『妖怪サッシ手』にとりつかれているんだよ」と伝えています。

この妖怪にとりつかれている時は「自分が言わなくても、気づいてくれる人、思ったように動いてくれる人はいい人。そうでない人は冷たい人」と考えてしまいます。そのため、相手には、自分の思った通り、一ミリも違わないことばや行動を望み、少しでも違うことをすると、逆ギレしたりするのです。

大人から見れば、理不尽なことなのですが、子どもたちの中には、わかってあげられなかった自分が悪いと考え、自分を責めてしまう子もいます。

講演でも、子ども達には、こんな問いかけをします。

「察して動いてあげることが、本当の優しさかどうかを考えてみようよ。ずっとそれを続けたとき、本当にその子のためになるのかどうか」

そして、私からの提案として、

「友だちとして、その子がちゃんと自分で自分の気持ちを言えることを手伝ってあげることのほうが大事ではないか」と伝えます。

そこが納得できたところで、友だちへのことばがけとして、さらに次のような提案をします。

「あなたは大切な友だちだけど、だからといってあなたの気持ちがすべてわかるわけじゃないんだ。だから、ちゃんと伝えてほしいの。あなたは、どうしたい？　私ができることは何かあるの？」

子どもたちは、少し抵抗があるようですが、一つの方法として選択してくれることで、本当の優しさについて考えるきっかけになればと考えています。

まとめ

ソーシャルディスタンスが叫ばれる今、自分の考えが2メートル先の人に、伝わるように声を出すことが必要です。自分のことばで表現しなければ、伝わらないのです。

08 「あの子は私のことが嫌いなんだ」という妄想で自爆するGさん

挨拶したのに、挨拶を返してくれなかった

中学生のGさんは、頭痛でやってきました。検温や視診などをしますが、特に異常は見られません。問診をしながら、いろいろな話をしていると、心に引っかかっていることがある、と話し出しました。

Gさんの話はこうでした。

「今朝、廊下でH子ちゃんが二階から降りてきたから、おはようって声をかけたの。そしたら、挨拶返してくれなくて……。H子ちゃん、私のこと嫌いなのかな。私、勉強できないから、バカにしてるんだよ。すごく悲しい。そればっかり考えていたから、苦しくなってきて……」

どうやら、頭痛の原因は、これだったようです。

本人が気づくために有効な、話の内容を整理する質問

「ああ、それで、つらくなったんだね。考えすぎて頭が痛くなったんだね。ところで一つ確認したいんだけど、いいかな」

Gさんに承諾を取り、こんな質問をしました。

「H子ちゃんが、あなたのことを勉強ができないからバカにしているというのは、実際に言われたこと？　それとも、あなたがそうじゃないかと思ったこと？」

Gさんは、「あっ」と小さく叫んで、「確かに、実際に言われたわけじゃないけど。たぶんそうなんだと思ったの」と答えてくれました。

「ああ。そう思っちゃったんだね。そう思ったから、つらくなっちゃったのね。挨拶したけど、返事が返ってこなかったということは実際にあったことだね。その出来事を、自分のことをバカにしているからだと思ったんだね」

このような事例は、多くの子どもたちが陥る「悩みのパターン」です。

実際、この事例を養護教諭向けの講座や講演で話すと、「全く同じことが、私の学

校でもあります」という反応が返ってきます。**子どもたちの悩みの多くは「事実」そのものより、その事実をマイナスに解釈したことによって起きています。**こうした場面で、感情を受け止めるだけでは、当の本人は、自分を被害者の立場に置き続けてしまうことがあり、次の行動につなげることができません。

かといって、「それは、あなたの思い込みよ」と返してしまうと、「先生は、私の気持ちを分かってくれない」ということになります。そこで、こちらから、子どもたちの話の内容を確認するための質問をします。こうした確認のための質問を、保健室コーチングでは「**確認質問**」と呼び、様々な子どもたちの思い込みを解除する方法として紹介しています。

事実（出来事）をどう解釈するか、でマイナス感情が生まれている

保健室にやってくる子どもたちの悩みや不安を聴いていると、その多くが、事実や出来事をマイナスに解釈する思考パターンを持っていることがわかります。

同じ出来事でも、そのことを全く気にしない子もいれば、必要以上に落ち込んで体

調まで悪くなってしまう子もいます。

大人は、こうした反応の違いを比べて、「メンタルが弱い子」「ネガティブな子」という表現をしがちです。そう言われた子は、ますます自己否定感を強め、意欲をなくしてしまいます。

私は、中学生向けの講演でも、**「メンタルが弱いのではなく、メンタルにマイナスの影響を与えてしまう言語パターン、思考パターンをしているだけ」**と伝えています。ストレスを引き起こす出来事は外側にありますが、それによって、どれくらいのストレスをどのくらいの期間引きずるのかは、その人の言語パターンや思考パターンが決めているということです。

この話を子どもたちにすると、後方で聞いている保護者の方や先生に、一番ヒットするのも面白い現象です。今の大人も子ども時代、そのようなことばをかけられて育ってきているので、違和感を感じなかったのかもしれません。実際、この講演をした学校では、先生方の生徒へのことばがけに変化が起きたということを、お聞きしてうれしく思いました。

このように、子どもたちの日常で起きている出来事を、脳科学の視点から理解することで、ことばがけや考え方が変わっていきます。

子どもたちは「自分のどんな思考パターンが苦しみの感情をつくっているのか」に着目できるようになります。メンタルをマイナスにひきずる子どもたちが、しなやかなメンタルで生きていくためには、自分の思考パターンに気づくことがスタートです。結果として出てきた感情を癒すことは悪いことではないですが、それは目的ではありません。火を消して火元に目を向けないようなものなのです。

まとめ

子どもたちの悩みの多くは、事実をどうとらえたかという解釈の問題がほとんどです。事実と解釈が頭の中でごちゃごちゃになっているのです。まずは、それを整理してあげましょう。

09 LINEが既読になっているのに返事がこないと嘆く子どもたち

ガラケー時代からすでに多発していたネット問題

私が、中学校に勤務していた2003年当時は、まだ、スマホではなくガラケーでした。当然、LINEもありませんでした。それでも、メールの返事が来ない、メールに絵文字がない、だから私は嫌われているという妄想で悩む子どもの相談は後を絶ちませんでした。便利なツールは、アナログではできない新しい形のコミュニケーションを生み出しましたが、同時に、子どもたちの人間関係も複雑にし、悩みを深刻化させています。

たとえば、次のような悩みが、当時の保健室には寄せられていました。

- 付き合って数カ月の彼女から、メールの返事がなかなか来ない、返ってきても絵文字が少ない。嫌われているのか。と思い悩む男子。

- 早く寝たいと思っているのに、電話を切ることができない、相手に嫌な思いをさせてしまうかもしれないから、と困っている女子。
- 自分のプロフ（当時流行していた自分のプロフィールのページを作成できるサービス）に悪口を書かれたと怒る女子。
- ゲームサイトで出会った県外の子から「会いたい」と言われ、会いに行ったところ、相手の両親からものすごく叱られたという男子。
- ネット詐欺にあって何万円もとられたという男子。

などなど、コミュニケーションの問題からネットいじめ、性に関する問題まで、様々な問題が中学生の中で起きていました。現在は、さらにＬＩＮＥ、フェイスブック、インスタグラム、ツイッターなどのＳＮＳが普及し、問題はさらに深刻化しています。

同じ状況でも怒る人と気にならない人がいる

現在、子どもたちの人間関係の中で、トラブルの原因として一番に挙がってくるのが「LINE」です。

中でも、「既読スルー」「未読スルー」などは、子どもたちが心を悩ませるものの一つです。既読になっているのに、いつまでたっても返事がこない。それが、不安で不安で、それがやがて怒りに変わります。周りも巻き込んで、LINEはずしをするなどのトラブルが、全国あちこちの学校で起きています。

では、どうして、子どもたちは不安になるのでしょうか？　なぜ、返事をすぐに返さない子に対して、怒りを感じるのでしょうか？

既読になってもなかなか返事が来ないことで、不安になる人は多いのですが、気にならないという人もいます。何が違うのでしょう？

既読になっているのになかなか返事が来ないという「出来事」が問題だとしたら、全員の人が同じ感情になるはずです。しかし、実際には、気にならない人もいます。

不安になってしまう子どもたちの話を聴いていると「友だちなら、読んだらすぐに返信するべきである」という**「X＝Y（こういうときはこうするものだという自分のルール）」**が強くあるようです。「既読になったらすぐに返事が来る人＝私を受け容れてくれる人」という無意識のX＝Yを持っているのかもしれません。そのため、自分が返信してほしいと思っている時間内に返信が来ないと、気になってしまい、いつまでもそこにこだわって、イライラしてしまいます。

では、同じ状況でも、気にならない、マイナス感情は出てこないという子はどうでしょうか？

「既読になっても返事が来ない」という状況は同じですが、**『人には人の都合があり、返事の早さと人間関係は関係ない』**と考えているのかもしれません。そうすると、返事があるまでの時間を自分が今すべきことに集中できます。

つまり、違いを引き起こしているのは、出来事や状況そのものではなく、それに対して、どんな意味づけや解釈をしているか、ということになります。既読になっても返事がなかなか来ないことが問題なのではないのです。無意識に決めている自分のルール（X＝Y）が、その違いを引き出しています。しかし、自分と同じルールをほかの人も持っているとは限りません。そこに、思い違いが生まれてくるのです。

人生経験が少ない子どもたちは、ついつい、相手が自分の思ったとおりのコミュニケーションをしてくれないことに怒りを感じたり、自分が何か相手を怒らせたのか？と悩んでしまったりしています。大人ができることは、「出来事は変えることができないけれど、解釈は変えることができる」ということを（いろいろな考え方のバリエーションも含めて）子どもたちに教えてあげることです。

そして、大人自身も自分の中のマイルール（X＝Y）に気づくことが必要です。

まとめ

同じ状況でも、マイナス感情になる人とそうでない人がいるのは、「●●とは～するもの」「○○とは～である」というマイルールによるものです。感情はそのルールによって引き出されています。感情より解釈を変えるアプローチが必要です。

10 ぼくは団長失格です！

大きな声が出せず、先生に注意されたH君

中学校の体育大会をまぢかに控えたある日、応援練習のリハーサルを終えた赤組団長のH君が肩を落として悲しそうに来室しました。

理由を聞くと、

「応援練習で大きな声が出せなくて、先生にしかられてしまったんです。ぼくは、ダメなやつですよね。団長失格だ……」と、今にも泣きそうでした。

子どもたちの相談の中には、このようなマイナス思考にはまり込んでしまう事例がたくさんあります。**何か一つうまくいかないことがあると、「自分はダメだ」と、自分そのものを否定する言い方をしてしまう**のです。これも生きづらさを作るパターンです。

「そういう表現を使うと脳のトリックにはまるよ」と子どもたちには伝えています。

「一つのできないこと＝自分はダメ」というX＝Y（思い込み、勘違い）に気づいてもらうために、こんな質問をしてみました。

「H君、あなたが団長としてできていることは何がある？」

するとH君は「下級生の面倒見がいいと言って、ほめられた」「時間をしっかり守ることができる」など、ほかにもいくつか出てきました。

「それは、すごいね。それでは、あなたは団長失格ではないね」

そう言うと、H君はあれ？　という顔をしていました。

「あ……。そうかな」

「リーダーとして必要なことがたくさんある中で、できていることもあるってことね」

「そうかぁ」

「じゃ、何が問題なのかな？」

「えーと、大きな声がちゃんと出ないこと」

「じゃ、どうなりたいの？」

「列の後ろのほうまで聞こえる声を出したい」

「列の後ろのほうまで聞こえる声か。いいね。それができたら、赤組はどんなふうになるかな」

「声が大きくなったら、みんなも大きな声になる。チームに勢いがつくし、先生たちもびっくりすると思う」

「おお、そんなふうに変わるんだ。そうなったら、H君はどんな気持ち？」

「胸がすかっとすると思うよ」

「そうか、胸がすかっとするんだね。なんか、先生までワクワクしてきた」

「なんか、元気が出ました」

「よかったね。では、もっと大きな声を出すために、何ができるかな」

「毎日、発声練習しようかな？」

「それは、いいね、それ、どんなふうにやるの」


どうなりたいのか、それが実現したらどんな気持ちになるのか、周りはどういう反応なのかと、解決した未来について質問してあげるだけで、人間の意識はその未来を語り始めます。そのワクワクした未来に行くために、今からできることは何？　と聞いてあげることで、子どもたちは自由に発想し、アイディアを出していきます。**大人は、ただ、子どもの脳が、一歩を踏み出すための声掛けをするだけです**。この対応で、H君は体育大会当日、団長として大活躍していました。

言い方ひとつで、脳の動きは変わる

子どもたちは、H君のように、一つの「行動のミス」と「自分自身」を勝手に結び付ける表現をします。私は、こうした言い方を**「不幸文法」**と呼んでいます。

脳は、いつも自分自身の思考とことばに反応し、その通りになろうとします。そこに乗る感情が強ければ強いほど、さらにその通りにしようと動きます。H君のように、「自分はダメだ」と言えば、本当にそうなろうとします。本人が望むか望まないかは関係ありません。子どもたちにかかわる大人も、子どもたちが自分をどう表現しているのか、行動のミスや能力（できる、できない、苦手、得意など）と自分自身をつないだ表現をしていないかどうかをしっかり聴きとる必要があります。

落ち込みやすい子どもたちは、自分のマイナスの出来事を、自分自身と結び付けて表現しています。

「○○を失敗した➡だからぼくはだめなんだ」「△△が苦手➡だから私はバカなんだ」……行動のミスを自分そのものの否定へとつないでいるのですから、落ち込みは深く、なかなか立ち直れなくなってしまうのです。

何度も繰り返しますが、「ダメなやつ」と意味づけしたら、その通りの能力と行動をしようとするのが脳の習性です。H君の場合も、わざわざ「だから、団長失格」という言い方をするから、脳が本当にダメな団長になるように動いてしまっているだけなのです。

自分の行動がまずかったと考えることができたときと自分がダメなんだと考える思考では、落ち込みの度合いは違ってきます。落ち込みが深く、立ち直りが遅い子は、こういう特徴的なことばの使い方と思考をしているのです。

早く立ち直り、前に進んでいく人が使うことばのパターンとは？

私は、児童生徒向けの講演で、「立ち直りにくい人のことば、早く立ち直ることができる人のことばの違い」についてお話ししています。子どもたちは、大人の影響なのか、単にネガティブとかメンタルが弱いということで片づけてしまいます。そこで、私は、具体的に何をどう変えれば、落ち込みにくくなり、立ち直りが早くなるのかを伝えています（落ち込むこともあってよいということが前提です）。

落ち込みやすい人、落ち込んだらなかなか這《は》い上がれない人は、H君と同じような言語パターンを持っています。逆に、何かマイナスのことがあっても、必要以上に落ち込むことなく、その失敗を糧に成長するタイプの子どももいます。そういう子は、**出来事の意味づけの方法と使っていることばが違います。**

たとえば、ガラスを割ってしまったとき、それは、「行動」がまずかったと考えます。わざわざその出来事で自分の人格を否定することにつなぎません。「この出来事は行動レベルの話であって、その行動と自分がダメだということは関係がない！」という思考をするからです。そういう思考があれば、数学の試験が悪くても、「この点数は事実だけど、そのことと自分がバカであることは関係ない」ととらえることができます。こういう子どもたちは、事実を事実として受け容れたうえで、さらにこんなことばを発しています。

「どうやったら、次は、うまくできるかな。この経験をどう生かせばいいかな」

大人は、こうした子どもたちの違いを、安易に性格のせいにするのではなく、ことばの違いが何を引き起こすのかをしっかりと伝えていく必要があります。

たとえば、うまくいかなかったとき、「だから自分はダメなんだ」という思考をするか、「どうやったらできるか」という思考をするか。行動のミスを自分そのものを否定することばとつないでしまうのか？　それとも、行動のミスだから、その行動をどう変えればよいのかと考えることができるかどうか？

子どもたちは、様々な出来事を体験し、成長していく存在なのですから――。

まとめ

うまくいかなかったとき、「だから自分はダメなんだ」ということば（思考）で、自分そのものを否定するか、「どうやったらできるか」と、やるための方法を生み出すための思考をするかで、全く違う結果が生まれてくる。

11 「お前は努力が足りない」と言われた不登校傾向のIさん

教室に入ろうとすると、体がずしんと重くなる

Iさんは、中学校生活の途中から、教室に入れなくなりました。1日のほとんどを保健室で過ごすようになりました。担任の先生が、細やかに保健室との連携をとってくださったおかげで、教師に対する不信感はありませんでした。ただ、それでも、どうしても教室に行くとつらくなってしまう日々でした。

いじめがあるのだろうか？　と、学年の先生方も、いろいろ手を尽くして彼女の「教室に入れない」という原因の究明に必死になってくださっていました。しかし、小学校時代にいじめにはあっているものの中学生になってからは、その事実は見当たりませんでした。クラスメートたちも、保健室に顔を出してくれたり、行けそうな授業に誘いに来てくれたりしていました。Iさんが心を許せる友人が、給食を一緒に食べに保健室に来てくれたりもしました。いつ、Iさんが教室に戻ってもその居場所が

あるように、学年を挙げて気持ちを寄せてくれていました。

それでも、なかなか、教室へ行けないという現象は変わることはありませんでした。

ある日、Iさんに、こんなことを聞いてみました。

「Iさん、教室に入ろうとすると、どんな**感じになるの？**」

Iさんは、しばらく考えて、「教室の前に来てドアを開けると、みんなのエネルギーみたいなものが、ドーンと私のほうに迫ってきて、それがすごく重く感じて、足が動かなくなる」と、話してくれました。

私は、この話を聴いて、Iさんは、自分でも言語化できない何か感覚的なものを感じているのだと思いました。

Iさんは、とても**体感覚**《たいかんかく》が強い子で、その感覚を言語でうまく伝えられないタイプです。**私たち大人は、「教室に行けない原因」を、言語で説明してほしいと考えがちです。しかし、子どもたちの中には、理屈や言語より先に体で何かを感じ、その感覚で、身動きが取れなくなってしまう子がいます。**その「感覚」を聴いてあげることなく、「原因は何？」と問い詰めてしまうのは、体感覚が強い子にとっては、とてもつらいことなのです。この背景理論については、第5章で詳しくお話しします。

幸い、Ｉさんの学年の先生方は、彼女を問い詰めることはありませんでした。そのことは本当にありがたいことでした。話をじっくり聴き、その中に何かヒントはないのかと模索されていました。

「努力」の意味が、私と祖父では違う！

ある日、いつものように、保健室で彼女の話を聴いていたとき、彼女がこんなことを伝えてくれました。学校に行こうとすると熱が出たり、玄関で体が動かなくなってしまう彼女を見て、祖父が「お前は努力が足りない」と怒鳴ったという話でした。そのとき、彼女が言った一言は、大人がぜひ、知っておくべきことだなぁと感じました。

「おじいちゃんが言う努力と私が思う努力は、意味が違うんだと思う。でも、そのことを話そうとしても聴いてくれない。それがすごく悲しい。私は私なりの努力をしている。それをちゃんと聴いてほしかった」

この事例では「努力」という誰でも知っていることばをめぐって、Ｉさんと祖父が気持ちの行き違いを起こしています。

Ｉさんに確認したところ、Ｉさんがいう努力は「登校しようとすると体が反応を起こす辛さに耐えながらも自分ができることをしている」という意味だと説明してくれました。しかし、祖父の言う努力は「学校にいくための行動」という意味で言っているんだと感じたので、そこをちゃんと話したかったと悲しそうにしていました。

このような**ことばのとらえかたによるトラブルはとても多い**ので、少し説明したいと思います。

小学校の事例ですが「急ぐ」ということばの意味をめぐってケンカになった事例がありました。一方は、急ぐとは、全力ダッシュを意味し、他方は、早歩きだったという意味でした。急いで行ってくると言って、早歩きでやってきたのを見て、激怒し、ケンカになったのです。

中学校の事例では、「友だち」ということばの意味の違いからトラブルになりました。お互いの「友だち」の意味を共有しないまま、「私たちは親友」と思っていたことから行き違いが起きたのです。この事例では、一方は「いつでもどこでもいっしょにいる一心同体状態」が友だちだと思っていました。しかし、他方は「お互いの時間を大切にしながらも、どんなときも心は離れない」という意味でした。休み時間も帰りも一緒にいたいと思っている子が、いつも、勝手に一人でどこかに行ってしまう相手の行動を理解できず、「裏切った」と大泣きしたのです。

ことばとは、周りで起きていることを脳の中で、意味づけしたり、省略したりした結果うまれるものです。ある意味「記号」であって、すべての意味を言わなくても通じるようにつくられています。しかし、同じことばであっても、その人の体験や価値観などによって意味にも違いがあります。このことを知っていると、子どもの悩みに対応するときも、キーワードとなることばについて、その子がもっている意味を確認するという作業はとても大切になってきます。Iさんの事例であれば「努力」、小学生の事例では「急ぐ」、中学生の事例では「友だち」です。

悩みを聴くというと「感情」にフォーカスしがちです。しかし、傾聴の段階で、キーワードとなることばの意味を確認する（◎◎ってあなたにとってはどういう意味？）だけで、気持ちのすれ違いが解消することもあるのです。

そう思ったのはどんな事実があったからなのか、その事実は、ほかの意味にとらえることはできないのかなど、結果としての感情が生まれた背景を、気もちに寄り添いながら確認していくことなのです。

「3つの未来ワーク」で進路の選択のヒントを得る

3年生の2学期になると、いよいよ、進路も決定しなくてはなりません。しかし、ほとんど授業にも出ることができずにいたIさんにとって、それはとても苦しいことでした。

「先生、どうしよう？　もう、進路を決めなくてはいけない。どうしたらいいのかわからない」と、半泣きになっていました。

そこで、Iさんの体感的な特性を生かした「3つの未来」というオリジナルのワークをやってみることにしました。

「Iさんは、今、どんな選択肢がある？　学校名じゃなくていいよ。思い浮かぶ進路を3つ挙げてみて」

Iさんは、しばらく考えて、

「就職、定時制、全日制……。こんなことしか浮かばない」

「OK！　大丈夫。それでやってみよう」

私は、4枚の紙を用意しました。

1枚目は「現在」と書き、Iさんの足元に置きました。

2枚目は「就職」、3枚目は「定時制」、4枚目は「全日制」と書いて、Iさんのいる場所から3メートルほど離して、さらにそれぞれの紙を、横に数十センチ間隔で配置しました。

「今から、ちょっと未来を体験してみようと思うけど、どう?」と彼女に承諾を得ました。これまでも、いろいろなワークを体験しているので、すぐに「やってみる」と答えてくれました。

「じゃ、現在地の場所に立ってね。深呼吸して、これから、3つの未来を体験します。1番目の未来は、就職しているIさんの未来、2番目の未来は、定時制で高校生活を送っているIさんの未来、3番目の未来は、全日制で高校生活を送っているIさんの未来。一つずつ、その未来まで歩いて行って、体験してみてね」

「やってみる」と、Iさんは、さっそくチャレンジしてくれました。

「では、最初は、就職した未来を体感してきてください」

Iさんは、ゆっくりと1番目の未来「就職」と書いた紙のある地点に向かって歩きました。そして、その紙の上に立ちました。

3つの未来ワーク
未来1
未来2
未来3
就職
定時制
全日制
現在

「Ｉさん、目を閉じてじっくりとその未来を感じてね」

しばらく、その場でその未来を感じた後、Ｉさんは、

「うわ！　苦しい。無理、私は、まだ就職は無理です」と、苦しそうな表情で訴えています。

「ＯＫ。では、戻ってきて。ここに戻って一旦深呼吸してリセットしましょう」

Ｉさんの様子を観察して、「現在」に戻っていることを確認し、

「では、次に、定時制に通っている未来を感じてきてください」

Ｉさんは、先ほどと同様にその未来をじっくりと感じ、こう言いました。

「あ、これ、楽しい！」しかし、しばらくして「苦しいなぁ。最初はいいけど、ちょっと息切れしてくる感じです」

「ＯＫ！　いいよ。じゃ、また戻ってきて」同じようにブレークステート（自分の状態を中立的なニュートラルの状態にすること）しました。

３つ目の「全日制」の未来に行ったとき、Ｉさんの表情がふわっと明るくなりました。

「うわ、楽しい！　楽しいよ！　ワクワクするよ」と叫びました。

「ＯＫ。おお、そうなんだね。じゃ、しばらくその感覚を楽しんでいいよ。満足した

ら戻ってきて」と声をかけました。

現在地に戻り、ブレークステートした後、感想を聞きました。

「私は、授業もほとんど出てないし、就職か定時制しかないと思っていた。でも、体験したら苦しかったから、もしそれを選んでも、きっと、途中でやめてしまうと思う。全日制なんて行けるはずないと思っていたのに、未来を体験したら、すごく楽しかった。どこの高校になるかはわからないけど、調査用紙には、全日制って書く」

ワークの後に起きた進路決定のミラクル

久々に明るい表情を見せてくれたIさんを見て、このワークをやってよかったなと感じていました。しかし、この後、彼女の適性などを見ながら、どのように、担任や進路指導主事と相談していこうかと新たな課題も感じていました。

そのとき、美術の教師で、教育相談担当をしていたJ先生が、保健室にひょっこり、現れました。J先生は、教育カウンセリングなどを学び、熱心に不適応の生徒にかかわってくださる頼りになる先生でした。そのJ先生が、Iさんに歩み寄るなり、こう切り出されました。

「Iさん、進路、どうすることにした？」

なんというタイミング！　と思いました。たった今、Iさんは、「全日制に行く」と決めたばかりだったのです。Iさんも「全日制に行こうと思うんだけど、学校までは決めてない」と答えました。

J先生は、

「そうか。実は、五教科の授業はほとんど出ていないけど、Iさんは、美術がすごく得意だよね。それで、美術の実技だけで入試を受けることができる専門学校が見つかったんだけど、説明聴いてくれるか」

と、おっしゃったのです。Iさんはもちろん、話を聴き、そこを受験してみたいと答えました。

鳥肌が立ちました。Iさんが、「こうする」と決めたことが、J先生を呼び寄せたかのようでした。人の決意は、エネルギーとして波及するのかと感じた事例です。

Iさんは、その専門学校を受験し、見事合格しました。

Iさんとの再会は、電車の中

それから、2年ほどたって、偶然、名古屋に向かう電車の中で、Iさんに再会しました。中学生のときとは別人のように、彼女本来の笑顔を取り戻していました。

「先生、私、1日も休まずに、通学しているよ。私が通っている学校は、中学時代の私と同じように、登校できなくなる子や悩んでいる子がいるよ。そんな友だちに、私が今、相談に乗ってあげているの。保健室登校で先生が私に話してくれたいろいろな話をしてあげている。不思議だよね」

Iさんとの保健室で過ごしたそのときには、最後まで「教室復帰」にはつながりませんでした。しかし、私も学年の先生も、「教室に戻ること」より「この先、彼女が生きていくために何が必要か」を考えたことが、こうして生かされていることに「人間の可能性のすばらしさ」を感じずにはいられませんでした。

その後、彼女は、美容専門学校に進み、現在は結婚して、母親として幸せに暮らしています。退職後に、中学生向けの講演をしたときも、子どもを連れて聴きに来てくれました。

人の変化の瞬間、その人の問題や悩みが生きる力に変換される瞬間に立ち会えることは、本当に素敵なことだと思います。こうした事例を講演などで話すと、「何をすればそうなりますか」「そのワークはどうやるのですか」と質問されることがあります。その質問には、次のように答えています。

「スキルや理論が素晴らしいのではないのです。本当に素晴らしいのは人の可能性です。スキルで人を何とかしようとする時点でアウトです。教室に入れることも目的ではないです。人間の素晴らしい可能性をちゃんと信じることです。そのためにはあなた自身が人間の可能性のすごさを体験することが先です」

まとめ

大人は、不登校の理由や将来のことを、ことばで説明させようとします。体感覚優位の子どもは、感覚を言語化することに苦痛を感じます。彼らの本音を引き出すためには、感覚を表現させたり、体を動かして未来を体験するという方法が効果的です。

第3章

生きづらさを抱える子どもたちの共通点

他人軸から生まれる、ことばと行動について

第2章では、保健室にやってくる子どもたちの主な訴えとその背景にある「勘違い」「思い込み」「言語パターン」「思考パターン」についてご紹介してきました。保健室での彼らの訴えは、表面的には多様なように見えます。しかし、根底にある共通点は、たった一つです。

それは「他人軸な生き方」です。他人軸になる大本の原因は「自己受容の低さ」です。自己受容については、5章でお話しします。第3章では、子どもたちの「他人軸な生き方」から生まれることばや思考や行動を整理してみたいと思います。

特徴1

他人軸の子どもたちが使う独特の不幸文法

生きづらさを感じている子どもたち（大人も）は、独特の不幸文法を使います。

- ～してくれない
- どうせ自分なんて！
- ～のせいで
- ～してあげたのに！
- みんなが！　いつも！（＋マイナスな表現）
- ～ができない。～が苦手
- 自分は○○な子（マイナスな表現）
- カラナイ　（～だから●●できない）
- カラナル　（～だから●●になる）

子どもたちの話を聴くときは、彼らのストーリーにはまり込むことなく、**事実を話しているのか、解釈を話しているのかを、確認しながら整理してあげることが必要**です。また、ここで紹介した表現を使っていないかどうかも、話を聴くポイントになります。

多くの子どもたちは、事実ではなく、事実に対しての解釈に苦しんでいます。

子どもたちの解釈のストーリーから生まれた「感情」を一時的に慰めようとするより、子どもたちの脳の中で起きている混乱を整理してあげることのほうが、教育的な効果は数倍違います。これは、私が現場で実際に実践検証したからこそ、言えることです。

特徴2 人の意見＝自分の価値という思考

自分の行動の基準が、「周りが自分をどう思うか」「どうすれば自分を受け容れてくれるのか」となっている子どもは、とても多いように感じています。他人軸の子どもは、〈誰かの評価（意見）＝自分の価値〉と考えてしまいます。親や先生や友だちが自分のことを「●●だ」と言ったから、自分はそういう人間なのだと信じ込んでしまい、自己イメージを固めてしまう傾向があります。

保健室でも「それは、その人の意見だけど、あなたはどう思うの？」と尋ねます。誰かの意見は、その子のある一面を見て言っているだけで、それはその人の意見であり、その人の感じた勝手なイメージなのです。しかし、それを「真実」と受けとめてしまい、その結果、自分が本来持っている能力も発揮できないという子が本当に多いのです。

ある人から「それは、あなたのいいところ」と言われれば、私はOKだと感じ、「あなたのそういうところがダメ」と言われれば、自分はダメなんだ、と思ってしまう。人が自分に対して抱く、いろいろな意見を聴くたびに、自分の価値がころころ変わってしまう。周りの意見に一喜一憂する子は、どうしても感情の浮き沈みが多くなってしまいます。

他人軸の子は誰かに受け容れてもらうための鎧《よろい》を着けたり外したりしてしまいます。そのうちに、疲れ果てて、教室に行きたくない、人とかかわりたくないという極端な考えに至ってしまう子にもたくさん出会ってきました。

こういうパターンにはまってしまう問題の本質は、「人間は多面体であり、光も影もあって当たり前である」ということを知らないからではないかと考えています。

特徴3 自分で決めることができない

生きづらさを抱える子どもは、自分の意志で何かを決めることに、一種の恐れのようなものを持っているのかなと感じることもあります。

実際、保健室で「熱はないみたいだけど、どうする？　もう少し、教室で頑張る？　それとも、少し休む？」と聞いても、自分の意見を言えません。これは、全国的な傾向でもあるようです。私が、ＮＬＰを学び、保健室でコーチング的なアプローチを取り入れたときにも、ある傾向が見えてきました。

「あなたはどうしたい？」「君はどう思う？」というオープンクエスチョンをすると、まったく答えない子もいれば、どんどん自分の意見を話し出す子の両方がいました。

こうした子どもたちの傾向を分析すると、次のようにまとめられます。

■多くの子どもたちは、質問されることで、自分なりの意見を言うことができます。特に、ヤンキー君（という表現が良いかどうかはわかりませんが）は、自分の意見を堂々と言っていました。聴いてくれるんだ、話していいんだと感じると、いろいろなことを話してくれました。

■成績優秀だが、頑張っていい子を演じ続けている傾向がある子は、なかなか答えないのです。これは、私の解釈ですが、間違った答えを言うことで、自分のことをバカだと思われるのではないか、正解を言わなくてはと思うと、なかなか言えないというブレーキが働くためではないかと思います。

■別のタイプで、常に親が先回りをして、こうしなさい、ああしなさいと指示されてきた子は、「あなたはどうしたい？」と聞かれたことがないため、どう答えてよいかわからないようです。

一番びっくりしたのは、「先生が決めてください。その通りにします」と答えた子がいたことです。日常の中で、自分で考える、自分の意志を出してやってみるという経験がない子は、常に自分を消し、周りに従って生きていこうとしているため、本当に生きづらそうにしていました。

このように、他人軸の生き方になると、どうしたいのかを自分の意志で決めることができません。誰かが決めてくれれば、その通りにやることができます。しかし、依存が生まれ、自立が遠のいてしまいます。その裏には、自立を妨げ共依存関係を作り出すことで価値を感じる大人の存在が見え隠れします。

特徴4 誰かが察してくれるのを待っている

他人軸の子どもたちは、自分の意志を出すことに恐怖があり、ことばではなく、態度や表情で訴えます。ため息をついたり、頭を抱えたり、悲しそうな目や表情をして、まわりに声をかけてもらおうとします。かといって、声をかけても、「こうしてほしい」「こうしたい」とはっきり言わないので、まわりを困らせます。単語だけで話したり、中途半端な表現で相手に意図を汲んでもらおうとすることもあります。

「言わないけど、察してよ!」を無言で要求するパターンを持つ子は、妖怪「サッシ手」に取りつかれています。

妖怪サッシ手も、拙著『生きづらさ妖怪攻略ＢＯＯＫ』に登場する妖怪さんです。この妖怪は、「言わなくても、私の様子を見て察して思った通りに動いてほしい（動いてくれるはず）」という思考があり、ことばは使わずにまわりに察してもらうような行動をしてしまいます。それだけならまだしも、「察してくれる人はいい人」と考え、そうした人に依存する傾向もあります。察してくれないと感じると、被害者意識を持ち、相手を恨んだり、悪者扱いすることがあります。

このようなパターンを持つ子は、うまくいかないことや、思い通りにならないことが起きると、周りを変えたいと考えます。自分は被害者であり、かわいそうな自分であることを何度もアピールします。この状況に対して自分ができることを考えるという思考になかなかなれません。自分以外の周りを変えようとするために、さらに苦しくなっていることになかなか気づかないのです。

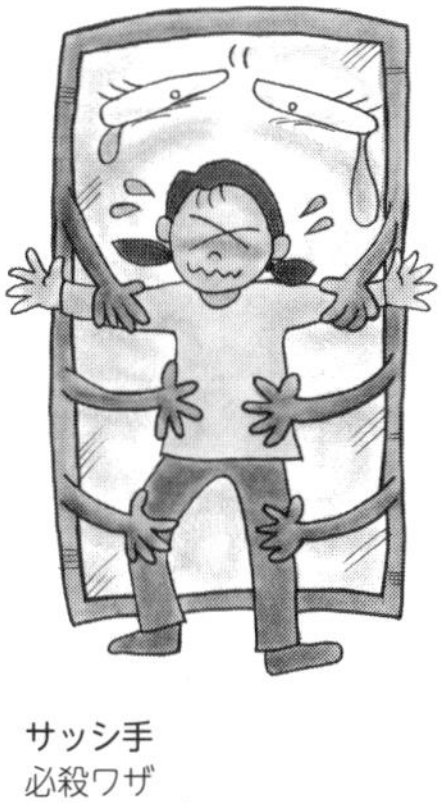
サッシ手
必殺ワザ
うっすら光るさっして光線

特徴
5
事実に対するネガティブな解釈で自爆する

他人軸の子は、第2章で紹介した事例8や9にもあるように、事実をネガティブに解釈してしまう思考パターンによって、必要以上に落ち込んだり、相手を恨んだりしてしまいます。ただし、この子がネガティブなのではなく、その子が持っている思考パターンがネガティブな感情を引き出しているにすぎません。ここを間違えてしまうと、「お前は、ネガティブなヤツだ」とか「メンタルが弱い子だ」など、その子そのものの否定になってしまいます。

事実をネガティブに解釈してしまうのは、自分が受け容れられているかどうかを、ミクロサイズの自分モノサシで測っているからです。

「受け容れているなら、このようにしてくれるはず」「友だちならこうしてくれるはず」などのマイルールや、「私は誰からも愛されない」などという深いレベルの思い込みが影響していることもあります。

第2章の事例9でもお伝えしたように、『**出来事は変えられないけれど、解釈は変**

えることができる』ということや『一つの出来事でも、いろいろな解釈の仕方や考え方のバリエーションがある』『その解釈によって出てくる感情は全く違うのだ』ということを、子どもたちに伝えていく必要があります。

特徴6 マイナスを一般化する

保健室にやってくる子どもたちのことばを聴いていると、「みんなが」「いつも」という表現をよく使っていることに気づきます。

「あの子は、**いつも**にらんでくる」「**みんな**がそう言っている」「**みんな**が私を嫌っている」という表現です。これを「一般化」と言います。一般化とは、2、3の事例を用いて、すべてがそうであるかのように表現することです。この一般化の大きさが大きいほど、生きづらさをより強く感じることになります。

たとえば、とても嫌な教師が担任になったとします。そのときに「あの先生はろくな人じゃない。好きになれない」と考える場合と、「この学校の教師はろくな奴がいない」と考える場合と、「教師なんてろくな奴がいない」では一般化のサイズが違います。さらに、大きな一般化だと「この世にはろくな大人がいない」となります。

一般化が大きくなればなるほど、負の感情を引き出すトリガー（きっかけ）が多くなることがわかりますか？

「あの先生は……」と限定できれば、その先生に会わない限り、いやな気持ちになることはありません。しかし、「この学校の教師」というくくりで一般化してしまうと、どんな先生を見ても、マイナスの感情を引き出します。さらに、「教師」と大きくしてしまうと、人生で出会う教師という教師すべてに反応してしまいかねません。いうまでもなく、教師という枠を超えて、さらに「大人」という領域まで一般化してしまうと、もう、どこに出かけても腹が立つことばかりになるかもしれません。

保護者の中にも、教師や学校そのものに対して、異常なほどの嫌悪感を持たれる方がいます。それは、自分が子ども時代に一般化したものを真実のように感じていらっしゃるのかもしれません。

そもそも、この一般化は、脳の習性の一つでもあります。脳は、ものごとを単純化して記憶しておこうという性質があります。危険だと察知したときに、すばやく戦闘態勢、あるいは逃走態勢にはいれるように、という自己防衛システムなのです。

大人は、子どもの感情にばかりフォーカスすることなく、一般化の表現をしっかり聴き分け「具体的には?」「みんなって誰?」「いつもというのは、どれくらいの回数なの?」「例外はある?」などのことばで、その子がはまり込んでいる思考をほどいていく必要があります。

特徴7 外側や周りの人に変わってほしいと考える

保健室にやってくる子どもたちに、「この問題をどのように変えたい?」という解決像を聞くと、必ずと言っていいほど次のような答えが返ってきます。

- ○○先生に、優しくなってほしい
- △△君に、意地悪をやめてほしい
- □□さんに、いなくなってほしい(こういうことを言う子も少なくありません)

■ クラスのみんなからもっと声をかけてほしい
■ もっと楽しいクラスにしてほしい

などなど。

これらは相手が変われば、自分の問題は解決するという思考からきています。しかし、**過去と他人は、コントロール不能**なのです。その結果として出てくるのが、「〜してくれない（妖怪くれないイモン）」「〜のせいで（妖怪セイデンデン）」「〜してあげたのに！（妖怪あゲタの〜に）」です。コントロール不能なものを変えようとするのですから、消費するエネルギーは大きい割に現状の変化は少なく、さらに落胆してしまうのです。

くれないイモン
決めゼリフ
「〜してくれない」

せいデンデン
必殺ワザ
セイデン音頭

あゲタの〜に
決めゼリフ
「〜してあげたのに」

特徴8 強烈な承認欲求がゆがんだ形で表現されている

他人軸の子どもたちには、強烈な承認欲求があるように感じています。ＳＮＳの「イイネ」や「フォロワー数」「視聴数」の数に一喜一憂したり、その数が自分の価値であるかのような勘違いや錯覚をしている子もいます。そのため、明らかなルール違反をしてまでも、注目されたいとまで考えてしまう子もいます。

- ＳＮＳの友だちの多さを自慢する＝友だちの数の多さが自分の価値という勘違い
- ネットで、赤裸々な自分の情報を投稿し、たくさんの人が見てくれること＝自分は認めてもらっている！　という勘違い
- ＬＩＮＥの投稿に既読したらすぐに反応があるかどうか＝相手が自分を受け容れてくれている証拠という勘違い
- ＳＮＳでもらえる「イイネ！」＝受け容れられている！　という勘違い

共通点は、承認を、すべて「外」に求めているということです。このことが、自己肯定感を下げる大きな原因となっています。自分の価値を決めるのは、自分以外の誰かだと思っているのです。

自分の価値を承認してほしいと思うのは悪いことではありません。ただ、求める気持ちが強すぎると、「周りがわかってクレナイ」「受け容れてクレナイ」という不平や不満ばかりが出てくるようになります。

特徴9 ストライクゾーンが極端に狭いコミュニケーションをする

ネットだけでなく、アナログのコミュニケーションにおいても、特徴があります。

自分の言ったことを相手が同じように理解しているはず！　という思い込みの強さからトラブルになることがあります。

また、自分のことばや態度に対し、思い通りの反応をしてほしいと無意識に求めています。思った通りの反応がもらえなければ、相手がわかってくれない、私は理解されない、と極端に落ち込んだり怒ったりするのです。

子どもたちは、受け容れてもらっているかどうかを異常なほど気にしながら生きています。自分が相手と仲良くしたいと思っているのに、相手はそうではないと思っているのではないかということをとても怖がっているのです。そのため、子どもたちは、**『あなたが受け容れてくれたら、私も受け容れてあげる』**と考え、自分が傷つかないようにします。受け容れてほしいという要求は強いのですが、自分から先に受け容れることはしないのです。

しかも、「受け容れている」と判断できるストライクゾーンは恐ろしいほど狭いのです。「自分がこう言ったら、この表情でこう返してほしい。1ミリでも違うのなら、この人は私を受け容れていないんだ」という思考にはまり込んでしまうのです。

子どもたちには、まずは、自分で自分を受け容れること（好きになることではなく、いろいろな自分がいて当たり前と思うこと）、自分で自分を承認できることが先だと伝えていくのが必要だと思います。

特徴
10
ネガティブなことばと脳内映像で深く落ち込む

(1) ネガティブ感情になるのは、脳の習性をうまく使っていないだけ

生きづらさを感じやすい子どもたちは、「こうなったらどうしよう」「こうなるのは嫌だ」「こうなってほしくない」という不安や恐怖をもっているため、無意識にネガティブな未来をイメージしています。

脳は、その人が使ったことばや思考をもとにイメージ(映像)を見せます。その映像で、マイナス感情や体の不調が出る人もいます。これは、脳のしくみを上手に使っていないだけです。それを知らないと、「私ってネガティブな人間だ」などと自分で自分にレッテルを貼ってしまいます。

「お前はネガティブだ」と「今、ネガティブな感情になってるね」とでは、脳科学的には雲泥の差があります。

人間は、何かを考えるとき、何かしらの映像を見ています(人によっては、映像よ

り先に、感覚を感じる人もいます)。そして、脳は、その映像を現実化しようとするという習性があります。

「プラスの未来のイメージを見ましょう。感情を乗せてイメージをすると脳はそれを早く実現しようと動きだします」と聞いたことがある方も多いと思います。保健室コーチングでも、こうした脳の習性を生かしたアプローチの方法や目標達成の方法をお伝えしています。この理論を使った対応で、子どもたちの相談に教育的成果を上げている受講生も多くいます。

しかし、せっかくのこの対応で、元気になった子が、また、ネガティブな状態になってしまうことがあります。なぜでしょうか?

それは、一時的な手法で未来に希望をもって行動を始めても、思考パターンとして、「こうなったらどうしよう」が染みついてしまっていると、すぐにそちらの方向にぶれてしまうからです。

10分の対応で、子どもたちの感情はすぐに切り替わりますが、24時間のうち、残りの23時間50分は、まだ起きていない不安な未来を妄想し、その映像を脳の中に映し出しているとしたら、あっという間に、ネガティブな状態になってしまうのです。

（2）問題の中にどっぷりつかり、抜け出せない

映像として見ているだけではなく、落ち込んで、その状態からなかなか抜け出せない子の特徴として、過去や未来のマイナスの映像を見て、あたかもそれが今ここで起きているかのように体験してしまうという傾向があります。脳は、感情を伴う映像には、特に強く反応します。その結果、体が震えたり、心拍数が上がったり、冷や汗が出たりという様々な自律神経系の反応が出たり、胃が痛くなったりという身体症状まで出てしまいます。

この状態になると、視野が狭くなり、主観的な思考に陥ってしまいます。落ち込みやすく立ち直りにくいという心の回復力と脳の使い方の関係性はとても大きいのです。

私は、子どもたちへの講演で、「ネガティブな人はいない。メンタルが弱い人もいない。その状態になるようなことばと思考をしているだけ」と話しています。ことばと思考を変えることで自分の心や体の状態が変わるとしたら、それを理解して変えていくほうが早いのです。それを実践し、それによって現実に変化が表れたとき、ああ、自分次第で現実は変わるんだと身をもって理解できるのだと思っています。

(3) 問題を解決したいと願っているが、どうなりたいのかが言えない

もう一つ、生きづらさを感じる子どもたちの特徴として挙げておきたいのは、「自分が問題だと感じていることについては、たくさん話すことができるが、どうなりたいのかが言えない」ということがあります。

言い方を変えると、問題は排除したいと思っているけれど、それがなくなった後、どうしたいのかがないのです。

目の前にある自分を苦しめるものをなくしたいということにばかり執着して、それがなくなったあと、どうなりたいのか、そして、どうしたいのかがわからないのです。というより、そんなことを考えたことがないのではないかと思います。

子どもだけでなく、大人でも同じような方がいます。かわいそうな自分の状況を延々話すことはできるけれど、どうしたいのかということがわからない。だけど、苦しいから、目の前のこの苦しみを誰かに取り去ってほしいと考える。

しかし、取り去ったとしても、幸せになれないのです。なぜなら、どうなりたいのかを決めていないからです。

多くの人が今困っていること、問題となっていることがなくなれば、幸せになれると思っています。

しかし、**本当に大切なのは、問題を取り去ることではなく、自分がどうなりたいのかを決めること**なのです。

特徴11 マイナスの自分を受け容れられない

第2章の2の事例のB子さんやC子さんに見られるように、マイナスの自分を隠したり、消してしまいたいと考える子どもたちはとても多くいます。

自己肯定感ということばが流行し、「自分を好きにならなくては」「自分を好きになることがいいこと」というゆがんだ解釈が、子どもたちの心に大きくのしかかっています。

保健室にも、「自分が好きになれないからダメですよね」と悩んでいる子がとても多く来室していました。長所と短所があるという前提で、マイナスな部分をなくさなければならないという考えは、事例3のD君の悩みにもありました。

自分を受け容れるとは、自分のことを好きになることではありません。かかわる大人が、「受け容れる＝好きになること」「自己肯定感＝自分を好きになること」という短絡的な思考で、子どもにかかわることで、子どもたちが苦しんでいることに気づかないのです。

大人で「私、自分のこと好きです」という方に、よくよく話を聴くと、「何かの資格を持った自分が好き」「人より優秀である自分が好き」「できる自分が好き」という自分の中の一部のイメージだけを自分だと思いたいという人もいます。マイナスな自分はなんとなく感じていても「なかったことにしている」「見ないようにしている」という方も案外多いのです。

そこにも、子どもと同様に「できる自分だけを見せたい」「できない自分（という思い込み）を見せたら、誰からも受け容れてもらえなくなる」という大きな勘違いがあります。特に、子ども時代から「自分は勉強もできて、優秀である」「自分はできる人間」という一面のイメージだけに自分の価値を置いていた大人は、ものすごく苦しそうに生きています。

自分が持っているほんの一面を自分のすべてだと思い込みたい人は、チャレンジを避け、成功すること、うまくいくことだけしか選択できず、自分の枠を広げることができないのです。

第 4 章

子どもの生きづらさを増幅する大人の勘違い

悩み解決のために知っておいてほしいこと

第2章、第3章では、生きづらさを抱える子どもたちの心の奥底にある勘違い、そして、大人が、自分が愛情のつもりで、指導のつもりでやってきたことの中にある盲点について、お話ししてきました。

大人は、子どものためを思い、何とかしたいと思い、いろいろなかかわりを試します。しかし、実際には、様々な悩みを抱えて保健室にやってくる子どもたちの背後には、大人自身の様々な思い込み、大人自身の生きづらさがあります。

第4章では、子どもたちとのかかわりのうえで知っておいてほしい教育的な視点や脳科学の理論についてまとめました。

01 「きめ細やかな対応」の問題点

学校現場では、「きめ細やかな対応」ということが、さかんに言われています。いろいろな特性を持った子どもたちも増え、個々に合わせた対応をしていこうという動きです。しかし、「きめ細やかな対応」ということばは、非常に抽象的であり、人それぞれ自分なりの解釈で使っていることが多いのです。

ある日、受講生Kさん（中学校教師）が、こんな話をしてくれました。

「本校には、いろいろ配慮が必要な子どもがたくさんいます。うまく自分を表現できない子やすぐにキレる子、集団になじめない子……。時代の流れなので、職員会でも配慮の必要な生徒の共通理解を高めたりしています。しかし、保護者の要望の中には、それって本当にいいのか？ と悩んでしまうものもあります。

たとえば、『うちの子、自習室を使いたくても使いたいと言えないので、先生が声をかけてくれるのが当たり前でしょう？ なんでやってくれないんですか！』っていうような苦情があります。確かに、声をかけてあげることは必要ですが、その子が自分で言えるような指導も必要ではないかと思うのです。なんでもかんでもしてあげることが本当にきめ細やかと言えるのかとちょっと考えてしまいます。管理職は、苦情がきたら、親が望むようにやってあげなさいと言うだけです。教育ってサービス業ではないし、子どもたちは一見のお客さんじゃないですよね。本当に何が大切なのかわからなくなります」

というものでした。

そこで、私は、K先生に質問しました。

「きめ細やかな対応というのはとても抽象的ですが、学校では、どのように具体的に定義づけていますか？」

K先生は、はっとした表情で、

「そういえば、そこのチャンクダウン（具体的にしていくこと）をしていませんでした。だから、先生によって、ちぐはぐな対応になって、余計に保護者の方を混乱させていたのかも」とおっしゃいました。

教育現場での子どもへの対応に関することばには、抽象的で、なんとなくみんなが

納得するようなことばが多くあります。Ｋ先生のように、親が求めるきめ細やかな対応と学校が考えるきめ細やかな対応の解釈は違うのです。

私の講座では、抽象度が高い表現は、それに関わる人のそれぞれの解釈を具体的にしましょうとお伝えしています。そのうえで、自分たちの組織でのそのことばの定義を明確にし、そして、議論をすれば組織の中の個々の行動にも説明にも一貫性が生まれるのです。それぞれがそれぞれの解釈で勝手に動いてしまっては、さらに誤解を生んでしまいます。

それでは、きめ細やかな対応とはなんでしょうか？

一部の親は、きめ細やかな対応ということばを「自分の子どもの都合のよいように大人が動くこと」と思っている場合もあります。さらに、人のために何かすることで、自分の存在価値を感じたいと考えてしまう親や教師側の問題が存在する場合もあります。

私は、きめ細やかな対応とは、なんでもかんでも、先回りしてあげることではないと考えています。先回りしてやってあげることは、実は、育てる側にとっては楽なのです。優しいね、いい人だね。と言ってもらえます。でも、そのいい人は、「自分にとって都合のいい人」というだけのことです。

考えなくてはならないのは、その対応で本当に子どもは、人間として成長できるのか？ ということです。

本当の意味での「きめ細やかな対応」とは、子どもが自分で考え、自分で答えを出すために、大人がしっかりと向き合い、十分な時間をかけることではないでしょうか？

02 「子どもを信じる」ということばの誤解

「うちの子が言っていることを信じます」を考えてみる

学校での子ども同士のトラブルで、お互いの言い分が違うというのはよくあることです。保護者も呼んで……となると、ケースによっては、さらにもめてしまうこともあります。

学校は犯人探しをするところではなく、その体験をどのように成長に生かすかを考えるところです。しかし、保護者の中には、このようにおっしゃる方もいます。

「私は、うちの子を信じます」

一見、子どものことを信じてあげるって素晴らしいことに思います。しかし、この「子どもを信じる」とは、具体的には、子どもの何を信じるのでしょうか？

子どもの言っていること？

うちの子は、いい子だから、そんなことをするはずがないということ？

私がちゃんと育てているのだから、それを信じるということ？

学校現場では、いろいろな保護者の方があり、子どもの何を信じるのかということはそれぞれであったように思います。

自分の子の非を認めてしまったら、問題児というレッテルを貼られるのではないかという不安からなのか、進路に影響があるのではないかという恐怖からか、事実を認めない人もいました。

親としての私が悪いと言われるのではという恐怖からか、必要以上に学校に対して攻撃的になる方もいました。

決して、保護者ばかりが問題というわけではありません。教師が、自分のクラスの子が起こした問題で、自分の学級経営が悪い、指導力がないという評価になるのではないかと考えて、「この子を信じる」と譲らないケースもありました。

いずれの場合も同じような思考なのです。**子どもを信じるという裏に、何かしらの「不安」や「恐れ」が存在しているケースはとても多い**のです。

経験を通して成長していく子どもの可能性を信じる

「子どもを信じる」というのは、先ほどの「きめ細やかな対応」同様に、きれいで、抽象度が高く、誰もがそうだよね〜と、思ってしまいます。しかし、きれいなことばは、なんとなくわかったような気になり、深く思考することを止めてしまいます。

子どもたちは、人生経験が少なく、たくさんの失敗をします。間違いもします。それを前提として、**「何を信じるのか」**を考えると、本当に大切なのは、次のようなことではないかと思うのです。

『もしも、この子が、失敗したり、人様に迷惑をかけることがあっても、それを学びとして、成長することができる！』という可能性を信じること。

言っていることやその子がいい子だということを信じるのではないのだと思います。失敗しても、ちゃんと立ち直れる力をもっていると信じてあげることで、子どもたちは、失敗をチャンスに変えてさらに心を成長させていくのではないでしょうか。

03 子どもをかわいそうな子として扱う

「うちの子、かわいそうなんです！」と訴えるお母さん

私は、全国の養護教諭の先生を対象に、講座や研修を開催していますが、その先生方から「親が、必要以上に子どもをかわいそうな存在として扱うので、子どもの自立に影響するケースがある」という内容の話をよく耳にします。

「うちの子は、病弱で……」「うちの子は、気が弱くて……」「うちの子は、自分のことをはっきりと言えなくて……」など、かわいそうな子として扱う傾向があり、そのために、子どもが本来持っている可能性を頭から否定してしまうのです。

そのことばの奥には、「だから、特別に扱ってほしい」「だから、できなくても叱らないでほしい」「だから、私の子育てのせいではない」「だから、察してやってほしい」等々、様々な思いが見え隠れします。

弊社受講生のL先生がかかわった保健室登校の中学生の事例です。

「保健室登校が始まって、やっと、その子なりに自分の意思を出すことができるようになり、自分でいろいろなことを決め出しました。迎えに来たお母さんの前でも、『明日は○時に登校して、この授業は出る、この授業は保健室で自習します』と決めることができたのです。お子さんのこの変化を喜んでくださるに違いないと思い、お母さんの表情を見ると、顔色が悪くなり、なんだか悲しそうな表情をされました。このお母さんは、子どもが自立するのが怖いのかなと瞬間的に感じました。かわいそうな子でいてくれて、それを支える母という立場がお母さんの存在意義だったのかも……。ちょっと代理ミュンヒハウゼン症候群（子どもに病気を作り、かいがいしく面倒をみることで自らの心の安定をはかること）の気配すら感じました」と、そのL先生はおっしゃっていました。

子どもが大きな病気ではないかと検査ばかりするケース

次の事例も、弊社受講生の養護教諭のM先生から教えていただいた事例です。

「保健室に、頻回来室する中学生がいます。ちょっとしたことでも、とても気にする子ですが、保健室でワークをしたり、雑談するうちに気持ちがほぐれ、元気に教室に戻るということが続いていました。この生徒は、欠席も多いのですが、欠席理由の3割くらいが、「通院」となっており、気になっていました。ある日、お母さんが保健室で相談したいとのことで対応しました。お母さんは、『今回の体調不良は、かかりつけの町医者は、かぜだよと言ったのですが、そうではないと思って、大きな病院に行ってきました。そこでも、特に異常はないと言われました。でも、なんか違う気がして！　先生、どこか良い病院をご存じないでしょうか』と、尋ねられたのです……。なんだかすごい違和感でした。これって、本当の愛情なのかなと。自分が納得のいく病名をつけてほしいのでしょうかね」

その後、新型コロナウィルスの流行で、お母さんはピタッとドクターショッピングをやめられたようです。学校は、6月から再開しましたが、その子は登校していないそうです。

人は扱われたようになる

先ほどのお子さんが、学校に来なくなった理由は定かではないですが、家庭の中で四六時中、お母さんから「この子は、病弱な子」として扱われているとしたら、子どもは無意識にその通りになってしまう可能性は高いと思います。

保健室コーチングでも、**「人は扱われたようになる（自己イメージどおりの能力や行動をする）」**とお伝えしています。病気をして、「病弱な子」という表現をされることで、その子は、本当にそうなってしまうのです。

「○○という病気の診断を受けている」という表現と「私は○○（疾病名）です」と表現するのとでは、体が起こす反応は全く違うのです。

保健室に来室する子どもたちの中にも、「おれ、インフルエンザになった」と、表現する子がいます。ちょっと考えると変ですよね。

たとえば自分が「山田一郎」だとすると、その山田一郎君がインフルエンザ君になったということです。自分と病気を同一化させる表現、子どもと病気を一体化させる表現には、要注意です。この表現ひとつで、病気が治りにくくなるからです。

せっかく立ち直った生徒を引き戻す教師

かわいそうな子として扱ってしまうのは、何も、お母さんだけではありません。教師の中にもそういう方がいらっしゃいます。次の事例も、高校の養護教諭をされている受講生のN先生からお聴きした事例です。

「いろいろあって、泣きながら保健室にやってきた生徒がいました。保健室コーチングのアプローチをしていく中で、やっと元気を取り戻し、教室に戻りました。しかし、次の休み時間、また保健室にやってきたんです。おかしいなと思って聞くと、教室に戻った際に、担任が、『大変だったね。つらかったよね』と声をかけたらしいのです。そのことばで、また、つらくなってしまったというのです。がっかりしました」

相手をかわいそうな子と思ってかかわると、瞬時に相手は、かわいそうな子になります。この教師に悪気はないのですが、〈かわいそうな子として扱う＝心配してあげる＝愛情〉という勘違いをしている教師も少なからずいます。

保健室でのアプローチで、解決した未来に焦点を当て、自分ができることが明確になり、希望をもって教室に戻ったこの生徒は、「つらかったね」の声掛けで、一瞬にして焦点が過去に戻ってしまったのです。人間のしくみを理解しないまま、知識やスキルだけで対応しようとすると思わぬ結果を引き出してしまいます。

これは、私の仮説ですが、このように、かわいそうに……とかかわる人の中には、「大変な状況の子に一生懸命かかわっている自分」に酔いしれたい人もいるのではないか、ということです。

人間と人間がかかわる際の無意識でのコミュニケーションは、ここでも影響します。「助けてあげる」と思った瞬間に、相手は「助けてもらう人」になります。「問題児だ」と思えば「問題児」としてふるまいます。

相手を思いやった優しいことばであっても、かわいそうな子、助けてあげなきゃというマインドでかかわるとき、相手に届くのは「あなたは助けてもらう人」「君は問題児だ」という非言語のメッセージです。このことを、ぜひ知っておいてほしいと思います。

04 愛情不足という落とし穴

簡単に使われるようになった「愛情不足」ということば

現職中、何か問題を起こす子どもがいると「あの子はきっと愛情不足だよね」ということばがよく聞かれました。「愛情不足」ということばは便利です。みんながわかったような気になるからです。でも、そもそも愛情ってなんでしょうか?

この「愛情」ということばは曲者です。なんだかこれさえあれば、幸せになれるという印籠《いんろう》のような響きがあります。しかし、そもそも愛情とは何かということを、考える人は少ないのです。しかし、なんとなくわかったようなわからないような「愛情」が不足していると言われると、親としては非常に不安になります。

愛情をかけなければ! 愛情不足と言われるのは親として恥ずかしい! 愛情不足になると問題行動を起こす! そんな漠然とした不安が、それぞれの解釈で「愛情」をとらえ、それが逆効果になっている場合もあります。

してあげることが愛情という誤解「妖怪 ツクシてあげ騎士《ナイト》」

第2章「7．先生、絆創膏！」で、単語でものを言っても、それを察して動く大人がいると、察してもらうのが当たり前になってしまうと書きました。

大人の中には、察してあげることだけでなく、先回りして目の前の石ころを全部取り除いてあげること、成功体験ができるようすべてをお膳立てして状況を整えてあげることが愛情だと思っている人が多いように思います。

その結果、子どもたちの中には、「単語でものを言う子」が増えています。家の中で、単語で何かを言えば、すべて察して動いてくれる大人がいるのです。日本語は最後まできちんと言わないと意図が伝わりません。最後まで言っても、伝わらないこともあります。小さい頃からの自己表現のトレーニングができていないのではないかと考えています。

たとえば、子どもがプリンを食べようとしたら、スプーンがなかったとします。子どもは「お母さん、スプーンがない」と言います。すると、多くのお母さんは、「ごめんごめん。スプーンなかったのね。今、持っていくね」と言って、スプーンを持っていってしまいます。

でも、ちょっと待ってほしいのです。子どもは、「スプーンがない」と言いました。しかし「スプーンを持ってきてほしい」とは言っていないのです。

役に立たなければという想いが強い人は、子どもはこうしてほしいのだろうと先読みし、こまっているのだろうと気持ちを察し、言われてもいないのに動いてしまうのです。子どもからすれば、ちゃんと全部言わなくても、全部思ったように動いてくれるのですから、とても都合がいいですよね。

してあげることが愛情だと勘違いして、子どものために尽くしてあげたいという「妖怪ツクシてあげ騎士《ナイト》」が出現してしまうと、子どもの主体性を奪い、他人軸の子どもを育ててしまうことになります。

私の講座では、「察して動かず」「物わかりの悪い大人になれ」ということを伝えています。

「察する」のはとても大切なことですが、**教育という視点で大切なのは、きちんと自分の言いたいことを伝える力、自分の頭で考える力、自分で決める力、決めたことを行動する力、経験を学びに生かす力を育てること**です。

厳しくしろと言っているのではなく、大人があきらめずにじっくりと付き合う覚悟を持つことです。その瞬間だけ優しくすることは簡単ですが、本気でかかわっていくには根気が必要です。長い目で見て、腹をくくることも必要です。本来は子どもを受け容れるべき大人が、自分が受け容れてもらう立場になっているのではないかと感じる親子も見受けられるのは、とても心配な状況です。

ツクシてあげ騎士
必殺決めゼリフ
「身も心もツクシます」

受け容れるとは、優しくしてあげることではない

子どもたちから出てくることばに「私は受け容れられていない」というニュアンスのことばがたびたび聞かれます。「受け容れる」ということばは、とても響きがよく、多くの人が「大切なこと」と感じています。

しかし、受け容れるとは、どういうことでしょうか？

保健室コーチングの受講生にも尋ねてみますが、明確に答えることができる人はいません。もちろん、ネットで検索すれば、あれこれ知識として受け取ることはできます。しかし、それは知識であって、実感としてしっくりくるものではありません。「相手を受け容れましょう」「自分を受け容れましょう」と言うのは簡単ですが、実際、私自身、うまく説明できません。

ただ、このことばによって起きている大きな誤解は、いろいろありますし、それによって苦しんでいる大人や子どもがいるというのは事実だと思っています。

「受け容れる」と、「受け入れる」は違います。

「入れる」と書いてしまうと、相手のどんな状況も自分の中に取り込んでしまうことになります。そうすると、わがままを言っても叱っちゃいけない、好きになってあげなくてはいけない、やさしくしてあげなくてはいけないという、たくさんの〝ねばならない〟にがんじがらめになっている方は、「受け入れる」と解釈されているのかもしれません。実際、そう考えて、共感疲れや対応に自信をなくす方もいらっしゃいます。

一方、「受け容れる」は、「容器」の「容」という文字を使います。かかわる人の器（度量）の問題です。この器は、自分から相手を受け容れた分だけ大きく深くなります。人間としての器が大きくなるとニュートラルな状態でアプローチができます。相手の下手に出ることも上から威圧的になることもありません。

保健室コーチングでは、本当に受け容れていれば、厳しいこともしっかり言えるとお伝えしています。本当にこの人のためだと思って本気で伝えることを怖がる必要はないのです。ただ、そこに、嫌いとか腹が立つなどの怒りの感情が乗っていれば、その感情だけが伝わりますので、声をかける大人は、自分の状態をしっかり整えて話す必要があります。

「状態を整える」というトレーニングは、文章では言い表せないことが多いので、ぜひ、保健室コーチングのコースなどで、体感していただきたいと思っています。

05 恐怖指導をして子どもを正そうとする

日本人は、問題回避思考であるといわれます。そのため、無意識に「恐怖指導」をしてしまいます。私たち大人が子ども時代に言われてきた「●●しないと～になるよ」という教え方です。

これは、脳がもっているナビゲーションシステムから考えると「こうなるのは嫌だ、こうなりたくない」という未来を目的地として設定していることになります。否定しているものを言語にしている段階で、脳は、「それが目的地」と認識します。

部活動やクラブチームでも、「ミスするな」という否定を指示する監督のチームは、子どもの**脳に「ミス」という目的地を無意識に与えてしまう**ので、ミスしてしまいます。「高めのボールに手を出すな」と言われるから、出してしまうのです。家庭でも「こぼさないように持っていくのよ」という指示をするから、こぼすのです。

「遅刻しないように」「忘れ物しないように」「叱られないように」「嫌われないように」「風邪をひかないように」「バカにされないように」……等々、たくさんの否定語を用いて、ことばをかけています。
「……にならないように」とか「……は嫌でしょう?」という指導をすると、脳が認識するのは、「……」の部分です。

しかも、恐怖と不安という強烈な感情をセットにしているのです。喜びに比べると恐怖のほうが何倍も強烈なエネルギーを持っています。つまり、マイナス(こうなったら嫌)を見せると、ワクワクよりも何倍ものスピードでそれを達成してしまうことになります。目標に強烈な感情が乗ると、早く実現します。嫌いや怖いを乗せれば、そちらのほうが先に実現します。

「脳は否定語を処理できない」などもよく言われることばです。しかし、その反対語は、肯定的なことばではありません。具体的に何をすればよいのかがイメージできることばを使うことです。

先ほどの例を言い換えてみると、
「高めのボールに手を出すな」→「ボールをよく見て打て」
「ミスしないように」→「深呼吸して、落ち着いてプレーしよう」

「遅刻しないように」→「●時までに家を出よう」

「忘れ物しないように」→「持ち物を一つひとつチェックしようね」

となります。

禁止語や否定語を使って指示されるより、体の力がふっと抜けるのを感じるのではないでしょうか？


新型コロナウイルス感染症予防に関して、保健室コーチング受講生から寄せられた事例のことばの使い方は、見事でした。

「みんな、コロナが落ち着いたら、どんなことをしたい？」と楽しい未来を先に見せ、子どもの気持ちを希望の未来に向かわせた後、「では、その未来のために、今、あなたができることは何？」と逆算思考を使っていました。

ワクワクした未来を見せてあげれば、ワクワクの未来が実現します。

「あの希望の未来に行くために、手を洗う」「自分が元気に過ごすために手を洗う」という意識が生まれます。誰かに強制された行動より、自分が決めて行動することが子どもたちの行動を変えていきます。

日本人は、ついつい、「手を洗わないと、感染しちゃうよ」という恐怖をあおる指導をしてしまいます。すると、子どもたちは「かかるのが嫌だから、手を洗う」という意識になってしまいます。

悪いものは排除しよう、悪いものを正そうとすることも、時には必要かもしれませんが、主体的な行動は生まれにくくなります。

前の代から引き継がれてきた「恐怖指導」はなぜ効果がないのかということも、「ことばの使い方と脳の習性の関係」を理解することで、どう変えていけばよいのかがわかるようになります。

06 失敗すると自信を失うという思い込み

自己肯定感ということばの独り歩き

自己肯定感ということばが、ブームです。書店に行けばこれでもかこれでもかというわんばかりに「自己肯定感」をテーマにした本が並んでいます。

養護教諭にとっては、「自己肯定感」は、私が新米の時代（昭和60年代）から、長らくテーマになっていたので、聞き慣れたことばです。しかし、教育現場でも、巷でも、この「自己肯定感」ということばがひとり歩きしているように感じています。

多くの人が、自己肯定感とは自分のことを好きになることという実に抽象的なイメージを持っています。

しかし、私が保健室で出会った子どもたちは、この「自分を好きになる」という解釈に苦しんでいました。この思い違いが、第2章でも紹介した事例にみられるように、「よい自分だけを見せたい」「マイナスな自分がいるからその自分を好きになれない。

ダメな自分をすべて消したい」というストレスになっているようでした。

「自分を好きになれない自分はダメなんだ」と自分を責める子もいました。

大人は大人で「自己肯定感の高い子どもに育てなければ」という想いがあだとなって、逆効果なこともたくさんしてしまっています。

自信を持たせれば自己肯定感が上がるという幻想

保健室コーチングでも、自己肯定感は一つのテーマとして扱っています。この講座では、「自信と自己肯定感」について、参加者にこんな問いかけをしています。

「自信を持たせれば、自己肯定感は本当に上がるのですか?」

多くの大人が、失敗すると自信をなくす。自信をなくすと自己肯定感が下がる。と考えています。間違いだとは言い切れませんが、正解とも言えません。問題は、自信をもたせるための次のような行動です。

『失敗させないように、すべて段取りをしてしまう』『子どもが転ばないように、目の前にある石ころを全部、先回りして取り除いてしまう』『子どもの目の前にレッド

カーペットを敷き詰め、親の価値観どおりの成功体験のみの人生を歩ませようとする』

本当に、失敗しないようにすることで、子どもの自己肯定感は上がるのでしょうか？

私自身の意見としては、自信があるかないかというのは、非常に主観的なことであり、そこに重きをおく必要を感じていません。

「自信があるかないか」ということと、「やるかやらないかは別のこと」なのです。

自信はないけど、やるという選択はできるのです。しかし、うまくいくことだけしか受け容れられない子どもは、失敗するくらいならやらない、うまくいかない姿を人に見られるくらいなら、初めからやらないという選択をします。

自己肯定感とは、できたという結果から生まれるのではありません。できることだけをやってよい結果が出たとしても、その子の人生の血肉にはならないのです。本当の自己肯定感は、やると決めたことをやり、試行錯誤するその過程の中で生まれるものだからです。

大人がよかれと思って、子どもの目の前の障害物を取り除いたとしても、成長とともに、先回りには限界が生まれます。**本当の自信は、結果にとらわれることなく、どうしたいのかを自分で考え、試行錯誤して達成していく過程を通して感じ取るものです。**そのチャンスを奪う行動をするのは、とても残念なことです。

どんな経験も成長に変換できる思考力を育てる

小石につまづいて、転倒し、小さな擦り傷をしながらも前へ進む経験を奪われてしまった子どもは、大人になるにつれ、本当に生きづらくなります。

転んでけがをしたときは痛いけれど、いつかそれはかさぶたになり治癒していきます。その経験を、かわいそうとか、自信をなくしてしまっては大変だ、あるいは、転んだ姿をほかの人が見たら、親としての自分がダメな人と思われるのでは……などの大人側の想いによって奪われてしまっては、そちらのほうがマイナスではないでしょうか？

試行錯誤し、ちょっと痛い思いをして獲得した体験をもって成長した子と、お膳立てされた成功ばかりを体験してきた子では、大人になるにつれ、大きな違いが表れてきます。

本当に必要なのは、転んだときに、どんなことばがけをし、その経験を成長につなぐことができるかという大人側のアプローチです。さらには、うまくいかなかったとき、どのように考えると、それを成長に変換できるかということを生きる知恵として、子どもたちに伝えることなのです。

第5章

主体的な生き方のための大人の役割

脳のしくみを知れば、接し方ががらりと変わる

子育てや学校教育で、いろいろな課題が山積みにされる中、「うちの子は●●だけど、どんなことばがけが効果的なのか」「子どもたちに対してどんな指導をすればいいのか」というハウツーを学ぼうとされる方は多いと思います。

それは、とても大切なことですが、それ以前に大切なことがあります。様々なスキルや手法やツールは、そのたぐいの書籍や講座に譲ることとして、ここでは、スキルやツールが役立つためのもっと大切な部分に焦点をあてて書いていきたいと思います。

01 相手の利き感覚を理解し、ペーシングする

私はバカです、という中学生の事例

私が養護教諭時代、不適応を起こし（学級になんとなくなじめず、教室にいづらい、生きたくないという状況）、朝も毎日遅刻してくるOさんという子がいました。表情がいつも硬く、保健室で雑談をした後、教室に行くという日々が続いていました。ある日、いつものように保健室にやってきたOさんが、悲しそうにこう言いました。

「先生、私はバカなんです」

「えっ？」と言って、そう思った理由を尋ねると

「お母さんの質問に、すぐに答えることができない。いつもそうなの。お母さんは、すぐに答えてほしいと思っているみたいだけど、私はすぐに答えることができないんです。今日もお母さんから聞かれたことにすぐに答えられなくて。あんたは中学生にもなって、そんなこともできないの？　バカじゃないの？　って言われて……」

さて、何が起きているのでしょう？　Oさんのお母さんのように「バカ」ということばで片づけてよいのでしょうか？（もちろんOさんのお母さんも、ついつい言いすぎてしまっただけだと思います）。

大人は、少し反応が遅い子どもたちに対し、ことばが出ないとか、頭が悪いのかも、と勝手に解釈したりします。決して悪気があるわけではなく、お母さんや先生の立場からすると、それは当然の悩みです。

同じような状況で、大人の側からの相談もあります。

私の講座には、養護教諭の先生や担任の先生だけでなく、子育て中のお母さんも参加してくださいます。その中で、こんな話題が出てきます。

「ママ友のお子さんは、理解が早くて、反応もとても早いんです。大人が何かを聞いてもパッと反応して、上手に受け答えします。でも、うちの子は、私が何かを聞いてもなかなかすぐに反応できず、時間がかかるから、ついイライラしてしまって……」

「保健室に相談にやってきた子に対して、色々アドバイスをしていると、だんだん、表情が硬くなり、反応できなくなる子がいます。私のアドバイスが悪いのでしょうか？」

私も子育て中、娘に対し、同じようなことを感じていた時期がありました。

ある日、娘に、あれこれと早口で話をしていたとき、主人から「どうしてそんなに理詰めで追い詰めるんだ」と言われて、はっとしたことがあります。娘を見ると、ただただ、何も言えず固まっていました。当時、教師として「こうでなければならない」が強かった私は、理路整然と熱意をこめて説明をすれば、子どもは理解できると思っていました。今考えると、自分の理論におぼれていたし、まったく子どもを見ることなく、延々と話をしていたのです。

このような日常のコミュニケーションミスの風景は、なぜ、起きるのでしょうか？どう考えればよいのでしょうか？

私と娘の関係だけでなく、先ほどのOさんの例、子育てママや先生たちの例にもあるコミュニケーションミスの謎は、NLPで学んだ「VAK理論」が解明してくれました。この理論を知って日常で活用された方は、学校でも子どもたちへのかかわり方や子育てでの子どもとのコミュニケーション、夫婦関係、同僚との人間関係が、とてもスムーズになったとおっしゃっています。

五感の使い方のクセを知ってよりよいかかわりをする

それでは、このVAK理論について、具体的に説明していきます。正式には「代表システム」と呼びますが、わかりにくいので「VAK理論」という表現で統一します。

普段、意識してはいませんが、脳に何かをインプットするときには、五感（視覚・聴覚・嗅覚・触覚・味覚）を使っています。そして、私たちは、物事を五感でとらえ、理解し、判断したり、言語としてアウトプットしています。

しかし、私たちは、すべての五感をバランスよく使っているわけではありません。右利きと左利きがあるのと同じように、その人にとって使いやすい「利き感覚」といえるものを無意識に持っているのです。人によって、入力の際に使いやすい感覚、使いにくい感覚があります。

「VAK理論」は、NLPの理論で、「人は外部のものを理解するときや、内的なものを思考するときに使いやすい感覚を使っています。そして、どの感覚を優先して使っているかは人それぞれであり、また、場面によっても違います。お互いの利き感覚が違うことで、コミュニケーションミスが起きる」というものです。

視覚優位・聴覚優位・体感覚優位の違い

視覚優位タイプ（V）	上を向いて話す／早口／せっかち／イメージを見るように話す／声が高い／呼吸が浅い／ことばで言われた指示を忘れやすい／話がポンポンとぶ **愛情のかけ方** 目に見える形にして愛情表現する **学 習** 視覚的な要素で理解する
聴覚優位タイプ（A）	目が横に動く／整ったトーンで話す／理論的に話す／聞いて理解する／独り言が多い／「聞こえる」「考える」「理解する」という理論的なことばを多用する **愛情のかけ方** 表現や言い回しに注意しことばではっきりと伝える **学 習** 聴覚的な要素で理解する
体感覚優位タイプ（K）	うつむき加減／ゆっくり話す／感情を込めて話す／人に触れたり、人のそばに立つ／身振りが多い／理解するのに時間を要する／じっくりと考える／感覚的なことばを多用する **愛情のかけ方** スキンシップしたり、そばに寄り添う **学 習** 実際にやって見ることで理解する

「VAK理論」では、情報のインプットの方法を3つに分け、主に視覚を使って情報をインプットする人を「視覚優位（Visual）」、主に、聴覚を使って情報をインプットする人を「聴覚優位（Auditory）」、主に、嗅覚、味覚、触覚など体の感覚を使って情報をインプットする人を「体感覚優位（Kinesthetic）」と分けます。

利き感覚で思考やことばのスピード、表現に違いが生まれる

ここからは、それぞれの利き感覚の情報処理の違いと実際のコミュニケーションの違いについて説明します。

視覚優位（V）は、見ることによって情報を得ています。そして、それを脳内で処理し、アウトプットします。映像を見ながら話すので、目線が上向きになります。また、脳内で見えている映像を伝えようとするので、意識は上に行き、早口になり、呼吸も浅く速くなります。声も大きく、元気な印象を与えます。話が突然変わったりすることがあり、聴覚優位や体感覚優位の人がついていけないこともあります。

聴覚優位（A）は、人の声や音や理論的な文章から情報を得ています。そして、そ

れを脳内で処理し、理論的に理解して、アウトプットします。目線は、横に動きますので、冷たい印象を与えることもあるかもしれません。胸のあたりで、一定のペースで呼吸します。冷静に分析し、わかりやすく説明します。視覚優位の人の話を聴くと整理されていないと感じてしまいます。

体感覚優位（K）は、体の感覚から情報を得ています。体の感覚を言語にしようとするので、相手のことばを感覚で受け止め、それをさらに、言語にしていくため、非常に時間がかかります。呼吸も腹式呼吸でゆっくりとしています。感覚を感じているときは、特に目線が下に行きます。視覚優位の人からすれば、反応が遅い！　と思ってしまうことがあります。また、聴覚優位の人は、感覚的な表現に「理解できない。何が言いたいのかわからない」と思ってしまいます。

このように、利き感覚によって、物事の理解の方法も思考のスピードも言語表現も全く違います。思考のスピードが速いのは、視覚優位（イメージでとらえる。あまり深く理解していないことや早合点も多い）で、次が聴覚優位（理論で理解する）、一番遅いのが体感覚優位（言語化や腑に落ちるまでに時間がかかるが、理解の度合いは深い）です。能力に優劣はありません。すぐに理解できるから頭がよいというものではありません。ここを勘違いしないでほしいのです。

知らないことが、罪をつくる

ここまでの説明で前述のOさんは、体感覚優位だということがおわかりでしょうか。そして、お母さんは視覚優位です。お母さんは、イメージでとらえて理解します。映像として見えるので、言語化するのも早いのです。だから、Oさんのお母さんは、どうして自分の娘は、こんなにことばが出てこないんだろうと不思議に思ってしまうのです。

人間は、「自分」しか体験できないので、みんなが自分と同じように物事を理解し、言語にしていると思ってしまうのです。 Oさんのケースのように、親が視覚優位で、子どもが体感覚優位の場合は、親のスピードに子どもがついて行けず、自己否定をしてしまうという事例は、たくさんあります。

私の子育ても、VAK理論を知ることで、かなり変わりました。娘たちがなかなかことばが出てこないのは、彼女たちが体感覚優位だったからです。そして、私は視覚優位です。彼女たちの反応の遅さに自分がイライラしてしまうのは、これが原因だったのです。

こうした「違い」を理解すると、いろいろなことがわかってきます。たとえば、保健室に頻繁にやってくる子の多くが、自分の状態をうまく言語で表現することが苦手でした。来室した子を調べると、多くが体感覚優位だったのです。

感受性が強いので、視覚や聴覚より、感覚のほうで受け取ってしまい、それが体の不調となって表れる子も多かったように思います。何があったのかというより「なんとなく体が重いんです」とか「なんだか気持ち悪い」「○○な感じ」という感覚的な表現でやってくるのです。

また、担任の先生には、視覚優位、聴覚優位の人が多く、授業も視覚と聴覚（理論）で進めてしまいがちです。

見ることと理論で勉強をしてきたのだから、その2つがあれば、みんな理解できると思ってしまうのです。そのため、体感覚の子の様子を見ると「理解が遅い」と感じてしまいます。

実際は、体感的な内容を授業に取り入れたり、その子のペースや感覚に合わせた話し方などをしてあげることで、「わかった」を引き出すことができるのです。それを知らずに、「理解が遅い子」というレッテルを貼ってしまうことは、子どもたちにとって大きなマイナスになるのではないでしょうか？

保健室コーチングでも、このVAK理論をお伝えしていますが、これを学んだ担任の先生は、子どもたちが、視覚と聴覚と体感覚の3つの視点から学ぶことができるような指導の工夫をされ、成果を上げていらっしゃいます。

子どもたちの人間関係でも、このことを知らないが故に、LINEはずしなどの人間関係トラブルの原因にもなっています。そのため、児童生徒向けの講演でも、VAK理論の話をしています。自分は頭が悪いと思いこんでいた子が、「そうじゃなかったんだとわかってうれしい」と書いてくれるのを見ると、多くの家庭や学校で、このことを子どもたちに教えてあげてほしいなと感じます。

保健室コーチングの受講生の中には、VAK理論を子どもたちの自己理解・他者理解に活用されている方もあります。「みんな違って、みんないい」はきれいごとではなく、脳の科学として伝えることができるのです。自分を知り、自分を受け容れることで、他者との関係にもプラスの変化が表れたという報告をいただいています。

VAK理論の目的はタイプ分けではない

ＶＡＫ理論をお伝えしていて残念に思うことは、長年学んでいる受講生でも、この理論を「タイプ分け」として理解してしまっている人がいるということです。

タイプ分けとして扱ってしまうと、「だって○○タイプだから仕方ない」などの言い訳に使ってしまったり、必ずどこかのグループに入らないと不安になるという人がいるのです。血液型や星占いではないのです。人によっては、３つの感覚をバランスよく使っている人だっています。**仕事のときは聴覚優位になり、自宅に戻ると体感覚優位になるという人もいます**。

ＶＡＫ理論の本来の目的は「ペーシング」です。ペーシングとは、相手のペースに合わせ、安心安全の関係性の中でコミュニケーションをすることをいいます。視覚優位の人も、理論的に考えることもあります。体感覚優位の人がイメージを見ることもあります。

大切なのは、理論に人を当てはめることではありません。今、この瞬間に、相手が、どの感覚を使って理解しようとしているか、どの感覚を使って表現しようとしているかをしっかり観察し、相手のペースを尊重しながらコミュニケーションをとることです。

ＶＡＫ理論について、さらに深く学びたい方は、弊社教材『友だちが宇宙人に見えたら読む本』（税込み７００円）をご覧いただくか、講座にお越しいただければ、日常での活用方法を詳しく学んでいただけます。

02 反省文から、客観的振り返りへ

反省が好きな日本人

私は、小中学生への講演で「反省は一瞬で終わり！　しまったと思った瞬間に反省は終わっているから」と伝えています。「長くても10秒でいいよ」とも言います。

日本人は反省が好きです。しかし、反省と後悔や懺悔《ざんげ》との区別をつけていないように感じます。大人が子どもに「反省しなさい」と言うとき、そこには、「後悔しなさい」「罪悪感を持ちなさい」「懺悔の気持ちを持ちなさい」というニュアンスが含まれます。

そのせいなのか、子どもの態度に、落ち込んだり、後悔したような様子がないと「反省していない」ととらえ、さらに叱責することもあります。また、いまだに、「反省文」なるものを書かせている学校もあります。反省文を書かせると本当に次から、問題を起こさなくなるのでしょうか？

その成果があるとは、あまり耳にしません。多くの学校で行われている反省文は、「罰」としての性質を持ち、書かせる側の自己満足である場合も少なくありません。この子はここまで反省したという自分の指導の成果物としてとらえる教師すらいます。しかし、問題を起こす生徒は、いくら反省文を書かせても、何度も問題を繰り返したりします。

それどころか、反省文にどんなフレーズを書けば、先生が喜ぶのかも知っていて、上手に反省しているように見せかけることもあります。生徒のほうが一枚も二枚も上手だったということもあります。

では、反省が「後悔や懺悔や罪悪感」ではないとしたら、なんでしょうか?

私は、児童・生徒向けの講演で、次のように伝えています。

『本当の反省とは、その経験を学びに変え、自分の未来に生かすためにどうするか?を考えるためのもの』

ただ、それをしようとすると、時間がかかるのです。くどくどと一方的に叱責したり、反省文を書かせるほうが楽なのです。では、実際に、どのようにかかわれば、子どもたちは、経験を次に生かすことができるのでしょう?

自分の行動を冷静に振り返るための対応をする

ＰＴＡの講演会などでは、「問題を成長のチャンスに変えていく」と伝えています。その方法は、その子の状況に合わせて柔軟に変えていく必要があります。ここでは、基本的な考え方と方法をお伝えします。

スタンスとしては、「自分が悪かったんだと、わからせてやる」という気持ちは、捨ててください。「ぼくが悪うございました」とか、「もう二度としません！」と言わせることが目的ではありません。頭でわかっていても、自分の行動パターンを客観的に認識できないうちは、何度でも同じことをします。

大切なのは、大人は子どもの気持ちに寄り添いつつも、冷静に、「問題をチャンスに変えるためのことばがけ」をしてあげることです。これを地道に繰り返すことで、子どもは、少しずつ自分のマイナスパターンの認識ができるようになります。

問題を起こしたときなど、子どもは感情が高ぶっていたり、頭の中が混乱していきます。一つひとつ、丁寧に、彼らの話に耳を傾けることが必要です。だからといって、ただ、話をさせるだけでなく、頭の中で考えていることや感情を、整理してあげることが必要です。

保護者向けの講座では、子どもの話を「事実・感情・感情の理由・反応・行動・選択」の6つに分けて聴いてあげてくださいと、お伝えしています。ぜひ、ご家庭でもやってみてください。

- **事実** 実際にあったこと、見たこと、聞いたことは何ですか?
- **感情** そのときにどんな気持ちになったのでしょう
- **感情の理由** どうしてそんな気持ちになったのでしょう
- **反応** その気持ちになり、どんな反応(行動)をしましたか?
- **反応の結果** その結果どうなりましたか?
- **本当の気持ち** 本当はこうしたかったのにということは何かありますか?
- **選択** 次に同じような状況になったとき、今回とは違う方法をするとしたら、どんなことができますか? またどんなことをやめますか?

子どもの話を聴いてあげるときは、大人の意見は挟まずに、丁寧に聴いてあげてください。大人のほうが反応し、「それは違う」などのジャッジをするのはやめましょう。大人は、いったん自分の価値観をわきに置いて、子どものことばに耳を傾けましょう。

また、VAK理論でも書いたように、体感覚優位の子どもはじっくりとことばを選ぶため、時間がかかります。しっかりと待ってあげてください。

子どもは、そのときは理解したようでも、また同じパターンを繰り返してしまうことがあります。それでも、毎回、根気よく話を聴いてあげてください。徐々に、子ども自身も、自分のパターンに気づくことができるようになります（このことばを言われると腹が立つんだ、こういう状況になると悲しくなるんだ、など）。

無意識でやっていたことに気が付くようになると、少しずつそのパターンをコントロールすることができるようになります。意識できて（気づいて）初めてコントロール可能になるのです。

反省文は「書いておきなさい」で、終わりですが、こちらは時間と根気と信頼関係が必要です。腹をくって子どもと向き合う必要があります。

03 逆算思考を子どもたちに伝える

意識が過去にある状態では、体も心も重く前に進まない

私の講座では、時制（現在・過去・未来）と体の関係を扱います。過去の話を延々と話し、さらにそのときの感情を思い出し、どっぷりつかっていると、体はどんどん重くなり、動くことができなくなります。私も養護教諭時代は、過去の話を聴くことが大事と思っていましたし、「つらかったね、悲しかったね」という感情を扱っていました。

しかし、どれだけ話を聴いても、彼らの口から、次の行動についての決意など出てきませんでした。このことに強烈な違和感を感じていました。しかし、NLPを学び、**感情を受け止めながらも「で、この現状をどうしたいの？」という未来の解決像を問う**ことで、子どもたちの反応が変わったのです。

たとえば、友だちとケンカをして悲しいと訴えてきた子に対し、気持ちを理解しな

がらも、この質問をします。ある子は、「もう一度仲直りして楽しい人間関係を取り戻したい」という解決像を描きます。事例によっては、「あの子とは縁を切って、新しい人間関係を作っていきたい」と言うかもしれません。

今の状態をどう変えたいのかという望む状況が明らかになれば、コミュニケーションの目的がはっきりしてきます。望む状態が決まったら、その状態になった自分になり切ってもらい、どんな気持ちになっているかを聴きます。

こうすることで、過去にあった時制が、一気に希望の未来にシフトします。そして、ワクワクした未来を臨場感たっぷりに体感することで、脳はそこに向かうための情報を集め始めます。大人は、望む状態に到達するために、具体的に何をすればいいのかを問いかけながら、作戦を立てます。望む状態を先に設定し、そこに到達するための具体的な行動を考えることで、子どもたちの行動を引き出すことができます。

この状態になると、心も体も軽くなり、子どもたちは明らかに元気になります（実際に体重は変わらないのに、体が軽くなっています）。第2章のA君の進路の悩みへの対応はこの理論を用いています。

✿逆算思考は、悩みにも目標設定にも効く！

悩みへの対応というと、「カウンセリング」を思い出す方が多いと思います。

しかし、子どもの悩みと言ってもいろいろです。

「人間関係で苦しいです」という子もいれば、「目標を達成したいけどどうしたらいいのか？」と悩んでいる子もいます。

中学校での「相談ごと」の中には、「こうしたい」（ゴール）をすでに、もって来室する子もいます。

たとえば、実際に私が相談を受けたものには、

- あの高校に進学したい。偏差値が足りないけど、どうしたらいい？
- 部活でよい結果を出したいけど、うまくいかない。でも、どうしてもレギュラーになりたい。
- うちの部活のチームワークをよくしたい。
- 学級委員になったので、しっかりしたリーダーになりたい。

- クラス対抗の合唱コンクールで優勝したい。でも、なかなかみんながまとまらない。困ってしまう。
- どんなふうに進路を選んでよいのかわからない。
- 月曜日の朝がゆううつ。気持ちよく朝を迎えたい。
- ●●さんに、交際を申し込みたい。

こうした子どもたちの悩みについて、「それはつらいね」という返しをするだけでは、前に進むためのアイディアを引き出すことはできません。また、「進路のことや学習のことは、進路指導の先生や教科の先生に相談して」というのでは、せっかく相談に来た子どもたちはがっかりしてしまいます。

教育現場にカウンセリングが導入されたことで、いつのまにか受容と共感ということばが独り歩きを始めました。

もちろん、カウンセリングマインド〈カウンセリングの考え方や姿勢〈相手を受け止める・尊重する・相手の中に答えがある〉を活かして人と関わること〉は、とても大切なことです。しかし、一方で、感情ばかりにフォーカスしたアプローチに偏ってしまい、**『かわいそうな私』**のまま居続ける子どもを量産してしまったという一面もあったと感じています。カウンセリングマインドを持った人が、脳のしくみに沿ったコーチングを行うことで、子どもたちが主体的に思考し、試行錯誤していくことができるようになるのです。

共有する未来を具体化し、一歩ずつ進むための伴走者となる

子どもたちが「こうしたい」ということをことばにすると、大人たちはついつい喜び勇んで、その方法論を伝えたがります。しかし、ちょっと待ってください。

たとえば、先ほど挙げた子どもたちの相談のうち、「うちの部活のチームワークをよくしたい」「学級委員になったので、しっかりしたリーダーになりたい」などの例です。とても、志の高いことで、力になりたいと考える大人は多いと思います。

しかし、「チームワークがよい」という表現はとても抽象的です。こうした漠然とした表現のままそれをゴールにしてしまうと、具体的な行動のアイディアが出なくなってしまいます。また、「しっかりしたリーダー」というのも、人によって解釈が

カウンセリング・コーチング・保健室コーチングの違い

<table>
<tr><th></th><th>カウンセリング</th><th>コーチング</th><th>保健室コーチング</th></tr>
<tr><td>目的</td><td>問題解決</td><td>目標達成</td><td>しなやかに生きる力
（レジリエンス）の育成</td></tr>
<tr><td>扱うテーマ</td><td>悩みや不安</td><td>目標達成の
ための
行動計画</td><td>悩みや不安
目標達成のための行動計画</td></tr>
<tr><td>相談者がすること</td><td>話すこと</td><td>考えること</td><td>話す・考える・気づく・体感する</td></tr>
<tr><td>必要なスキル</td><td colspan="2">観察力＆ラポール形成力
傾聴力／質問力
意識を前向きにリードする力</td><td>支援者自身の状態管理
洞察力＆ラポール形成力
傾聴力／質問力
体感ワーク実践スキル
フィジカルのアプローチ
意識変容、行動変容のための
ワーク設計</td></tr>
<tr><td rowspan="2">支援者の態度</td><td colspan="3">・クライアントの問題は本人のもの
・クライアントを「主」としたアプローチ
・クライアントの中に答えがある</td></tr>
<tr><td colspan="2">・クライアントの潜在的解決力を信頼</td><td>・クライアントの潜在的解決力への絶対的信頼</td></tr>
</table>

違います。このようなときに大切なのは、方法論や行動計画について考える前に次のように質問することです。

「具体的にどんなことが実現できれば（どんなことができていれば）、その状態になったと言えるの？」

すると、その子なりの、「チームワークのよい状態」「しっかりしたリーダーができていること」が具体的になります。その具体的な状態を大人と子どもが共有したうえで、次の段階に入ります。

子どもたちが、自分でアイディアを出し、試行錯誤するためのことばがけ

ゴールがより具体的になると、次に具体的な行動計画を作ります。そこに至るまでに、どんなことをしていけばよいのかを考える主体は、子どもです。ついつい、大人が、自分の経験からアドバイスをしがちです。その瞬間に、目の前の子どもの可能性を信じていない自分が出てきていると思ってください。

子どもたちは、ちゃんと考える力を持っています。それを引きだすためには、思考

を促す質問をすることです。そして、一つひとつのステップを小さなものにすることです。そして、「今より1点だけ上げるとしたら何ができる?」と聞いてあげてください。その実行（行動）が終わるごとに、「どうだった?」と聞いてあげることです。実行できていたら、「次に1点あげるために何をする?」と、また聞いてあげます。

子どもが、うまくいかなかったよと言っても大丈夫です。「やってみて、気づいたことは何?」「じゃ、もっとうまくいくように、作戦を立て直しましょう」と、声をかけます。

うまくいったことも、いかなかったことも、やると言ってできなかったことも、すべて一つの事実としてとらえ、そこから、気づいたことをもとに、また、考えればよいのです。アドバイスすることは簡単です。しかし、ここに時間をかけなければ、本当に思考し、チャレンジする子どもは育っていかないのです。うまくいかなかったときも、それによって気づいたことがあったとしたら、「それは、いいことに気づいたね」と言ってあげてください。

まずは、大人が主体的に考える

教師や保護者対象の研修会などでは、こんな質問が出てくるとがっかりします。

「こういう子がいるけど、どうしたらいいですか」「教師のあるべき姿とは何でしょうか」「そのやり方でやって、もし、こう言われたら、どうしたらいいですか」

私は、こう答えます。

「正解を求めるのではなく、しっかりしくみを学んで自分で考えてください」

また、「今、こういう状況で大変なんです」という自分の状況説明だけをする人もいます。何を求めているのかもわかりません。

私はこう答えます。

「で？」

全国で研修や講演をしていく中で、感じるのは、思考停止して、正解だけを求める大人が多いなぁということです。自分で思考できない人、正解だけほしい、失敗はできませんという大人が、子どもたちの主体性を育てることはできないと思うのです。

04 脳のしくみに沿ったほめ方、叱り方をする

ほめて育てなさいと言われますが、ほめるといっても、何をどうほめるのか、評価なのか承認なのかなど、知っておくだけでその効果は全く変わってきます。叱ると子どもが傷つくと思っている方もありますが、叱ると怒るは違います。ちょっとしたポイントを知っておくと、成長につなぐことができます。

行動や能力の問題と人格を分ける

第2章で紹介した体育大会の団長であるH君の事例から考えてみます。

H君は、「リーダーなのに声が小さい！」という先生の注意から、だから自分はダメなのだと考えました。

「声が小さい」「大きな声が出せない」というのは行動や能力についての話です。しかし、H君は、「行動」や「能力」の話を「自分自身」（人格）と結び付けていました。

ここでいう「人格」とは、「私は〜だ」という表現をされるものをいいます。これは、必要以上に自分を責めてしまう原因となる思考パターンです。

次に、子どもたちにかかわる方々に、ぜひ知っておいていただきたい「意識の5段階（ニューロロジカルレベル）」について説明していきたいと思います。

ＮＬＰの開発者の一人、ロバートディルツ氏は、意識を5段階に分け、それらが、脳神経系と関連していることを発見しました。これがニューロロジカルレベルと呼ばれる概念です。

専門的に話をすると、難解になりますので、ここでは、日常での活用という視点で、簡単に説明したいと思います。

最上位にある「人格」のレベルは、「私は〜です」という自分自身を表現する階層です。ここは、脳幹とつながっていると言われています。脳幹は、呼吸中枢など生命維持にかかわる大切な部分があるところです。そのため、人格レベルを否定してしまうと、そのダメージは、とても大きいのです。この階層の区別を知らないと、Ｈ君のように、自分自身で「行動レベルの失敗」を「人格レベルの失敗」に直結させた表現をしてしまいます。

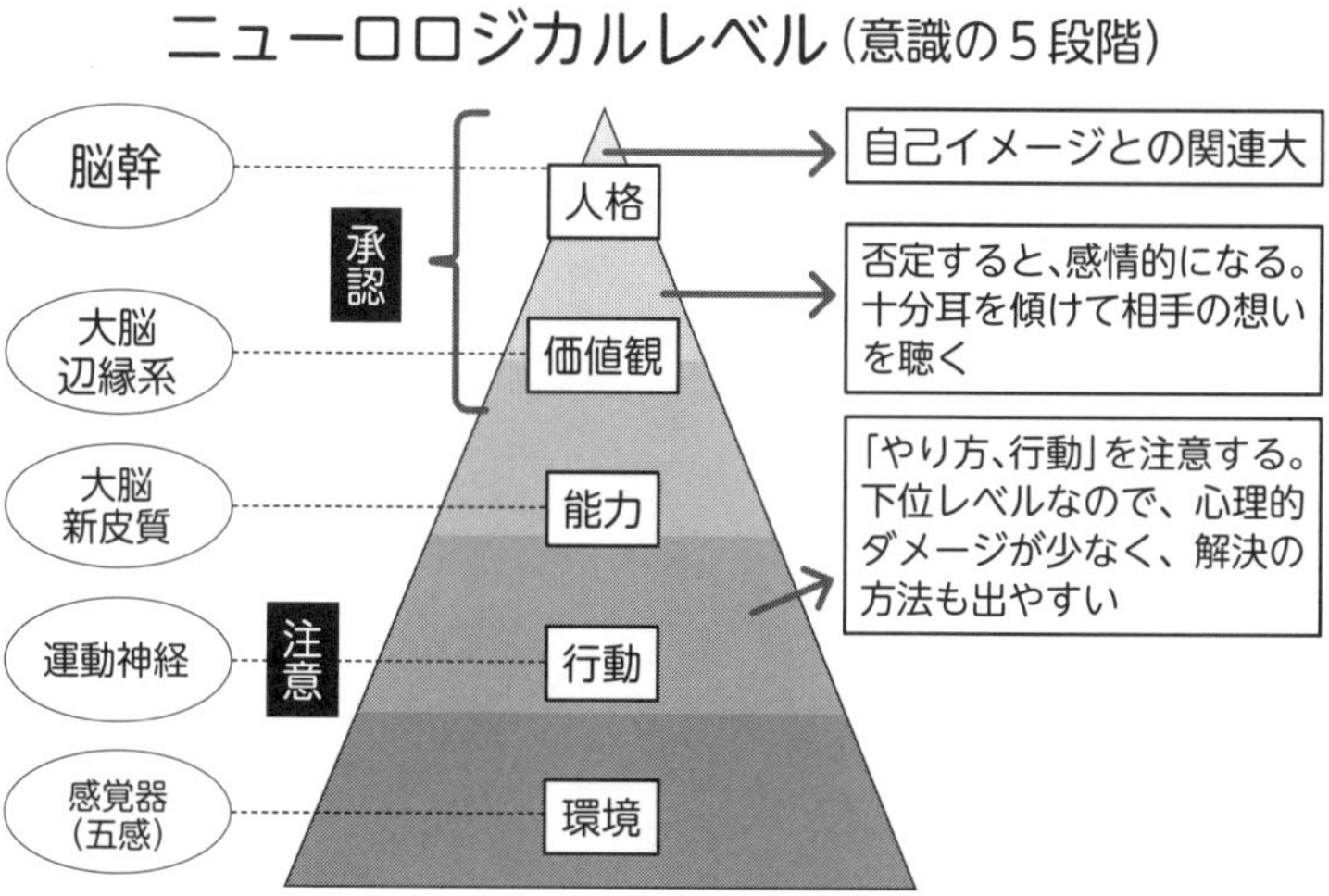

- 大事なところでミスをした自分は、ダメな奴です。
- かけっこが遅いから、私はどんくさい人間です。
- 算数が苦手だから、僕はバカです。

これらは、すべて、一つの行動や能力に関することを、自分のすべてがそうであるという一般化した表現で、人間の自己イメージに影響を与え、自己受容感にも影響を与えます。大人は、こうした表現をしている子どもたちのことばを聞き取り、「行動」「能力」における失敗と「人格」を明確に分けてあげる支援が必要です。

大人が相手をどんな存在として扱っているのかを問い直す

落ち込みやすい子が、行動や能力レベルの問題を、「人格」のレベルに結び付けてマイナス表現をしてしまうことと、心の回復力に影響していることはおわかりいただいたと思います。

しかし、日常的には、大人サイドが、無意識にこのような表現をして子どもを追い詰める場合も多々あります。

たとえば、忘れ物をしてしまった（行動）→君はだらしない子だ（人格）と言ってしまいがちです。忘れ物をしたというのは行動レベルの話ですが、君はだらしない子だという言い方は、人格レベルでの否定です。

第4章の3の事例でもお伝えしましたが、「人は扱われたようになる」という脳の法則があります。つまり、一つの行動のミスを取り上げて「君は、●●な子だ」と言ってしまうと、その子は本当にそうなってしまう可能性が高いということになります。少なくとも、その教師が担当している間は、「だらしない子」を無意識に演じ続けることになります。

これは、教師に限ったことではなく、家庭の中でも、日常的に使われている表現です。担任は数年で変わりますが、親子は一生ものですから、ぜひ、気を付けていただきたいと思います。これは、教師が悪い、親が悪いという話ではなく、前の世代が当たり前のように使っていたことが、無意識に受け継がれているだけなのです。

保健室コーチングでは目の前の子どもをどう扱っているかが、相手の反応の違いを引き出すということを、とても大切に扱っています。とても良い事例があるので紹介します。

P先生とQ先生が、同じ生徒を指導しました。

P先生は、ベテランの学年主任です。何度か問題行動を繰り返しているR君に対し、P先生は、しょっぱなに「バカヤロー!」と怒鳴りつけましたが、最後は、R君が納得し、指導が終わりました。

数日後、再びK君がちょっとした悪さをしました。このときに指導したのは、若手のQ先生でした。P先生の指導を見ていたので、同じように、最初に「バカヤロー!」と言いました。しかし、この先生は、R君に殴られてしまいました。

Q先生は、「主任の指導と同じようにしたはずなのに、なんで主任の言うことは聞いて、おれの言うことは聞かないんだろう？　若いからバカにされているのか」と怒っていました。これは、学校あるあるの事例です。

同じことばを使って指導しても、うまくいく先生と生徒に無視されたり逆ギレされてしまう先生がいます。

「指導力の差」「相性が悪い」「信頼関係の差」と言ってしまうのは簡単ですが、ここには、大切な非言語のコミュニケーションの秘密があります。人と人がかかわるとき、言語と非言語が同時に伝わり、それによって相手の反応が引き出されます。

NLPでは、言語を「意識」、非言語を「無意識」の領域にあると考えます。そして、「非言語」がもたらす影響のほうがはるかに大きいと言われています。

先ほどの例で話しますと、学年主任のP先生は、R君に対し、『問題行動を起こしたけれど、問題児ではない。可能性がある子なのだ』という想いを持ってその子に接していました（実際に、いつも職員室でそのように話しておられました）。

しかし、Q先生は、違いました。「Rは問題行動を繰り返す＝問題児だから、指導する」という想いを持っていました。

うまくいっている人の指導の表面だけを見て同じようにかかわったとしても、無意識にその子に貼っているレッテルがあると、自分にはその反応が返ってくるだけです。子どものほうも、これを無意識にやっています。

人は多面体です。問題行動を起こすという行動の部分を見て、その子にレッテルを貼ってかかわったので、相手のその部分を引っ張り出してしまったにすぎません。
こうした無意識のレッテル貼りに気づかぬまま、どんなに指導法を学んでも、効果がないのです。

これは、教師だけでなく、家庭でも同じです。うちの子は、ダメな子、頭が悪い子、引っ込み思案な子と無意識にレッテルを貼ってしまうので、そのようにふるまってしまっているだけなのです。

子どもたちの反応を変えるのは、「ことば」（手法、指導法）ではなく、「目の前の相手をどのような存在として扱っていたか」ということです。これは、保健室コーチングで「無意識レベルの相互作用」と呼んでいる非言語のコミュニケーションについての理論です。ＮＬＰでは、意識のコミュニケーションを１とすると、無意識のコミュニケーションはその2万倍の影響であるとされています。

スキルや手法で子どもたちをコントロールしようとする前に、無意識の想いに気づくことが大切です。子どもたちは、あなたのことばを聴いているのではありません。**ことばに乗った「想い」を受け取っているのです。**

私の講座に来る受講生には、「その子にとって影響力のある大人が、その子をどんな存在として扱うかが、相手の能力発揮に影響します。スキルを使おうとする前に、自分が相手をどう扱っているのかを確認してください。かかわるときには、私も相手も大丈夫と状態を整えてからかかわってください」とお伝えしています。

子どもたちは何を一番承認してほしいのか

一言で「ほめる」と言っても、評価と承認は違います。保健室コーチングでは、次のようにお伝えしています。

評価 意見や主観、価値判断が入ったフィードバック。「評価する⇔評価される」という上下関係が存在する。物差し（評価基準）がほめる側にある。

承認 具体的事実が盛り込まれている。相手への深い観察から出てくる。物差しを手放したフィードバック。相手に表れている違いや変化、成果や成長に気づき、それをことばにして率直に伝える。

成績を付けるときには、評価基準があります。自分の状態を客観的な指標として用いる場合には、評価も必要となります。本書では「ほめる」を、評価ではなく承認の意味で、お伝えします。

承認は相手をしっかりと観察して、その変化を見極めなければ、ことばにすることができません。自分の物差しで測った場合には、評価となってしまいます。

何がどう違うのかわからないという方のために、例えば、次のような視点で子どもたちを観察してあげてください。

また、さきほどの、意識の5段階（ニューロロジカルレベル）も、子どもを承認する際に一つの指標となります。

どこをほめるのが、効果的なのか？　ということにつながります。

日常的には、「能力」や「行動」がほめられることが多いと思います。悪いことではないですが、子どもたちの中には、能力ばかりをほめられると、その能力が自分の価値だと勘違いしてしまい、それが生きづらさにつながることもあります。

「●●が人より勝っている自分がすごいのだ」と考えるようになると、その分野で「自分より、能力が高い人」が現れたり、何らかの事情でその分野での能力発揮が不可能になったとき、自分の価値そのものがなくなったように感じてしまうのです。また、自分の価値を失わないために、頑張って頑張ってその能力を維持しようとして、息切れしてしまうこともあります。

また、何かの行動をしたときだけほめられたとしたら、その行動をやり続けられない自分は価値がないと信じ、その行動を必死にやり続ける子もいます。自分が持っているものや環境が素晴らしいから、自分は価値があるのだと思っていたとしたら、ずっと自分の周りを素晴らしいもので固め続けなければならないのかもしれません。もしもそれがなくなってしまったら、自分は価値のない人間だと思ってしまうかもしれません。

承認のポイント

存在	あなたがいてよかった／あなたがいることがうれしいという表現
行動	当たり前だけど、ちゃんとできていることを具体的に伝える
変化	こんなプラスの変化が起きているということを具体的に伝える
現在進行形	継続的に取り組んでいる行動を認める
成果	努力して得た成果を認める
可能性	本人に感じる可能性を、具体的に伝える

大人は全くそんなつもりはないのですが、子どもたちには大切なことが伝わっていないなぁと保健室にいて感じていました。

子どもたちは、ここに存在していることと自体を承認してもらいたいのです。

「おれ、生まれてこなければよかったんだ」と、つぶやいた中学生がいました。

彼らが一番言ってほしかったのは、「ここにいていいよ、存在していいよ」というメッセージだったのだと思います。

ここにいてもいい、存在してもいい、自分が存在することで、ほかの人が幸せになっている……もしもそんな承認がされたとしたら、子どもたちは、本当に強く生きることができるのです。

子どもたちには、「誰が何と言っても、あなたがあなたとして、今ここに存在していることをもっともっと自分で認めてあげてほしい」と伝えています。

子どもたちがそう思えるためには、身近にいる大人のかかわり方が絶対に必要です。

ＮＬＰの師匠・山崎啓支さんが、いつもおっしゃっていたことばをご紹介します。

子どもたちにも、大人にも、送りたいメッセージです。

あなたが、どんな環境に在ろうが（環境レベル）
どんな行動をしようが（行動レベル）
どんな能力であろうが（能力レベル）
どんな考えを持っていて何を信じていようが（価値観レベル）
あなたがあなたとしてここにいることが素晴らしい。（人格レベル・自己認識）

最　終　章

他人軸人生から主体的人生へシフトする！

どんな自分も受け容れられたとき、世界は変わる

最終章では、他人軸から主体的な生き方にシフトするために、一番大切な「自己受容」について、書いていきたいと思います。ぜひ、大人が率先して実践してほしいと思っています。自分が実践して本当にそうだと腑に落ちたことしか、子どもたちには伝わりません。ここは、知識で終わらせてほしくない部分です。

❖「チーム自分」とともに、生きていく

保健室でのたくさんの事例を紹介しましたが、**多くの子どもたちが、他人軸になってしまう根本的な原因は「自己受容」の低さ**です。自己肯定感ではありません。「自己受容」です。自己効力感、自尊心など、よく似たことばもありますが、私が徹底してこだわっているのが「自己受容」です。

自分を受け容れられないから、自分を消して人に受け容れてもらおうとする。人の評価が必要以上に気になる。自分の中にいる受け容れられない自分を隠そうとする、排除しようとする。さらには、それをごまかすために、自分以外の何かになろうとして、たくさんの鎧を着けて生きようとする。様々な問題の大元の原因が、そこにある

と考えています。

自己受容とは、文字どおり、自分を受け容れるということです。自分が好き、嫌い、という短絡的なことではありません。私は、「自己肯定感を科学する」という1日講座を開催していますが、そこでも最初に問いかけるのが「自分って何？」です。自分とは何かを定義しないまま、自分のことが好きとか嫌いとか、それはちょっとおかしいと思っています。

私たちの肉体は一つですが、いろいろな自分が存在します。いろいろな自分（小さな自分）が集まって自分というものを形成しています。

最初に親との関係があり、そこから、徐々に世界が広がっていくにつれ、いろいろな自分を作っていきます。性格的なこともあれば、立場や役割という自分もあります。娘、息子、兄、弟、姉、妹から始まり、生徒、クラブのメンバー、クラスでの役割もあります。元気な自分もいれば、寂しがり屋の自分もいます。優しい自分もいれば、意地悪な自分もいます。できる自分もだらしない自分もいます。陰陽の図のように、必ず正反対の自分が存在するのです。

しかし、どの一つをとっても、自分そのものではなく、「チーム自分」を構成するメンバーです。ところが、このことを理解していないと、他人から「チーム自分」のメンバーの誰か（たとえば、怠け者の自分）を否定されたり、そのメンバーを自分そのものであるという言い方をされると落ち込んでしまうのです。

「そんな怠け者でどうするんだ」とか「あなたは、怠け者だ」という言い方です。その怠け者の一面を嫌っていると、その落ち込みは深くなります。受け容れていれば、「そうなんだよね。そういう一面があるんですよ。気を付けます」で終わることができます。

チーム自分の中にいろいろなメンバーがいますが、その全部を好きにならなくてもよいのです。どうしても好きになれないメンバーもいる。でも、自分の中にある大切な自分の一部だから、ここにいてもいいよと存在を認めてあげることです。そうでなければ、存在を認めてもらえないメンバーは、何度でもその存在を主張してきます。

チーム自分を学級にたとえてみるとよくわかります。

学級をまとめる担任が、自分の学級の子どもに対し、「お前は好きだが、お前は気にいらない、このクラスにいることを認めない、君の席はない」と言ったらどうでしょう？　そう言われた子は、「いや、おれだってこの学級の一員だ。存在を認めろ。この学級にいることを認めろ」と言って暴れてくるのではないでしょうか？　同じことが、自分の中に起きるのです。

その多くは、日常の外側に見ることができます。いわゆる「見ていて腹が立つ人」「苦手な人」という形で見せられることになります。

家庭であれば我が子、職場であれば、上司や同僚。学校であれば、苦手だなと感じる子ども。自分の中に存在するけれど、認めたくない自分の姿であったり、本当はあんな風にやってみたいけど、許されなかった姿であったりします。

事例があるので、ご紹介します。

保健室コーチングコース受講生Sさんは、どうしても許せない後輩に悩んでいました。その後輩は感情の起伏が激しく、ついには担任を降ろされ、ほかの先生方の雑用をする立場になったそうです。そんな状況で楽しそうにしているその後輩が気になって気になってしょうがないと話してくれました。

そこで、こう聞いてみました。

「あなたは、本当は、その人のように、感情を表面に出して泣いたり笑ったりしたいのではないのですか？」

するとSさんは、思い当たることがあったのか、涙ぐんでこう答えてくださいました。

「そうなんです。私は幼いとき、祖母のあるひと言で、私は生まれてきてはいけなかった存在なんだと感じ、それ以来、感情を表に出すことをやめ、とにかく真面目に仕事をして生きてきました。私は、本当は感情を出して生きていきたかったんですね」

深い気づきを得たSさんに、私はこう言いました。

「そこに気づくために、その後輩はあなたの目の前に現れたんですね。では、もう、その方は、転勤されると思いますよ」

Sさんは、「いえ、あの子は、まだうちの学校に赴任して1年なので、転勤はないと思いますが……」と否定されていました。

その後、Sさんから連絡があり、「先生。本当に、あの後輩が転勤しました。異例です。こんなことって本当にあるんですね」

実は、このような事例は、保健室コーチングのコースでは、たくさん起きています。私自身も、数年前に、どうしても受け容れられないというか、嫌っている人がいました。しかし、その彼女の姿もまた、自分が本当はやってみたい自分の姿であり、それを理解できたときから、その感情が変わりました。今は、親友ともいえる大切な友人です。時々、二人で当時を思い出しては大笑いしています。

まさに、自分に気づくヒントは、日常の感情が揺さぶられる場面に用意されているのです。

自分ではない何かになっても苦しい理由

私は以前、面白い体験をしました。現職中、勤務地の地元の行事で、着ぐるみを着せてもらったのです。ゆるキャラのようなものだったと思います。着ぐるみを着ているとたくさんの人が集まってきて、握手を求められたり、一緒に写真を撮ってくださいと言われたりします。近づくと大喜びされて、なんだかアイドルにでもなった気分でした。その着ぐるみを着ているだけで、周りが勝手に近づいてきて、特別な存在として扱ってくれるのです。

しかし、半日過ぎたあたりから、疲れを感じるようになりました。着ぐるみの中の私は疲れているのに、外側から見える私は、着ぐるみのままで、その着ぐるみは、ずっと笑顔です。なんだか、ものすごくアンバランスな気持ちになってきました。

そこで、はっと気が付きました。受け容れられているのは、「私そのもの」ではなく「着ぐるみ」なのだと。着ぐるみを脱いだら、誰も興味を示さなくなります。これぞ、まさに、第2章で紹介した中学生のことばです。

「本当の私を見せたら、誰も私を受け容れてくれないから、受け容れてもらえる自分の姿だけで頑張っている。でもね、時々、すごくそれがつらくなるの」

受け容れてもらうために、本来の自分の姿を否定し、受け容れてもらえそうな自分ばかりを演じていく。その自分が受け容れられないと、今度はもっと違う自分を作るという悪循環が生まれます。自分がどんどん複雑になっていきます。それを続けると「自分って何だろう」とぬぐい切れない感覚ばかりが膨れ上がります。

もちろん、よりよく生きていくために演じる自分がいてもよいのです。社会を生きていく上では、それも必要だからです。しかし、人生の目的は、誰かに受け容れてもらうことではなく、どんな自分もいてもいいよと、いろんな自分を抱えて、生きていくことです。

別人になることではなく、最高のチーム自分を作ること。自分の中にいるメンバーたちは、どんなときに顔を出し、どんなときに使っていけばよいのか、どんなときに使うとまずいのかをしっかり自分でコントロールすることです。

第2章で「大きな声が欠点だ」と言っていたD君が、声の大きさが役立つ場面があることに気づいたように、自分の中にあるたくさんの自分に気づき、自分を最高に生かすためにその自分を自分でコントロールするメタ認知が必要なのです。

主体的な人生のためには、自分を知り、自分を生きること

自分の中には「嫌いな自分」「人に見せたくない自分」「こんな自分がいることを認めたくない」というメンバーが存在します。

ついつい周りに合わせてしまう自分・察して！　察して！　と思ってしまう自分・すぐにかっとなってしまう自分・なんでもネガティブに考えてしまう自分・怖がりの

自分・頑張り屋の自分・几帳面な自分・負けず嫌いの自分・甘えん坊の自分・怠け者の自分・嫉妬深い自分・優しい自分……それ以外にも、まだまだ気づいていない自分もたくさんいます。それが集まって、「私」「僕」になっています。その一つひとつが全部大切な自分の構成員です。大切なのは、それを排除したり、正すことではありません。

繰り返しますが、「そこにいてもいいよ」「大切なチームのメンバーだよ」と、その存在を認めてあげることがとても大切です。

まずは、自分がダメ出しをしている「自分」と向き合うことから始まります。

日常の中で、何かのきっかけで顔を出したら、「あ、出てきた、出てきた。あなたがいること知っているよ」と、そんな自分が存在していることを認めてあげてください。本当の自分は、たくさんの小さな自分の中心にいて、全員をまとめるリーダーのような存在です。

学級で言うなら、担任の先生が本当の自分。学級の子は小さな自分。

もしも、担任の先生が、嫌いな生徒に「あなたが存在することを認めません」という態度をとったら、どうするでしょう？　きっとその生徒たちは、もっともっとその存在をアピールしますよね。あるいはじっと我慢していて、ある日思いもよらぬ方法で逆襲するかもしれません。

あなたが自分を変えたいと思ったら、別の人格を作り上げる前に、日常の中で出てくるたくさんの自分に気づいてあげてほしいのです。

「あら、私の中の意地悪さんが出てきた。私を守るためにいるんだよね」と考え、「わかったわかった。でも、こういう場面であなたが出てくるとまずいので、ちょっとおとなしくしていてね」と違う自分で対応してみるのです。

本書でも、時折名前が出てくる「妖怪さん」は、生きづらさを引き出してしまう自分の思考パターンを妖怪キャラクターとして視覚化したものです。これは、『生きづらさ妖怪攻略ＢＯＯＫ』として、全国の学校やピアノ教室などで活用されています。

この教材でも、「誰にでも、妖怪さんはいるよ。先生の中にもいるよ。いてもいいんだよ。どんなときに出てくるのかに気づけば、『今は出ないで』と伝えることができるよね」と教えてあげてほしいと伝えています。

妖怪が大人と子どもの共通言語となることで、「今、●●妖怪出てない？」と声をかけることができるようになったという報告をいただいています。このときにも気を付けてほしいのは、「お前は、●●妖怪だ」という表現は絶対にしてはいけないということです。

自分の感情が大きく揺れるときは、自分がダメなのではなく、何かしらの妖怪が顔を出しているだけ。それに気づいたときの気持ちの整理ができるようなワークシートもついています。

私たち大人は、どうしても正そうとします。よくないものは排除しようとします。しかし、大切なのは、自分がどんな場面で、どの妖怪さんが出てくるのかを、理解し、パターンを変えていくことです。子どもたちには、自分が生きづらい（あるいはうまくいかない）と感じるのは、自分という存在がダメなのではなく、この妖怪がもたらす思考パターンだったのかと考えることができるようになってほしいのです。

このマイナスを全部排除すればよくなるという幻想が、反省文であったり、「その考え方を直せ」とか「そんなことやってるからダメなんだ」という指導になっているのだと思います。妖怪さんの存在に気づくことで、自己否定が軽減されたという子や教室に行けなかった子が、復帰できたという報告が多数寄せられています。

実は、子どもたちより、大人のほうがダメな自分を受け容れたくないという傾向があります。ダメな自分がいてもいいじゃないですか。子どもたちの生きる力を高めたいのであれば、まずは大人が自分と向き合うことです。

どんな自分も、あなたそのものではなく、そしてどんな自分も大切な自分です。そして本当のあなたは小さい自分（チームメンバー）を超えたもっともっと大きな存在なのです。

おわりに

私が全国でお伝えしている「保健室コーチング」は、人生をしなやかに生きていくための法則や、人生を生きる価値を伝えています。指導法やアプローチ法を学ぶだけのものではありません。自分と向き合い、自分を知る体感型のコースです。いわゆる、レジリエンスを高めるための実践的な学びを提供しています。

ちょっとした勘違いや思い込みを手放すだけで、現実は大きく変わります。これは、私自身が自分の人生で体験してきたことで、まさに「すべて自分が発信源」だと実感しています。そして、保健室コーチングコースを終えた受講生は、自分自身と向き合いながらも、現場で次々と教育的成果を上げています。子どもたちに、本当に影響を与えることができるのは、自分が本気で自分の課題にチャレンジした人です。

その体験がある人は、極端な話、スキルなど使わなくても、たったひと言で、相手の心に必要なメッセージを届け、変化を起こします。

ある受講生は、6日間の日程のうち、最初の2日間で、劇的に日常に変化が起きたという報告をくださいました。

「私は今まで、誰かのためにやる、相手のためにやると思っていたと気づきました。だから、見返りとしての相手からの信頼を無意識に求めていたのではないかと思います。翌日から『自分がやりたいからやる』に変えて同僚とかかわることに決めました。

すると、いろいろな先生から相談されたり、複数の担任とこれまでになかったかかわりをすることになりました。信頼されてないんだと勝手に落ち込んだ担任からも、協力要請がありました。びっくりしました。私の行動は今までと同じです。人とかかわるスタンスを変えただけです。それで現実が変わりました。でも、もしかしたら相手の行動も今までと同じなのかもしれないなとも思いました。自分で制限をかけることで、意味の捉え方が違ったり、見えなかったり見なかったりしてきたことがたくさんあるのかもしれないと思いました。」

人間を理解する一番の近道は、「自分を知ること」です。知識ではありません。コースの中でも終了後のフォローアップコミュニティでも、自分と向き合う覚悟のある人は、人間的成長もすさまじいものがあります。

子どもたちの自死が多くなっている昨今、私が伝えたいのは「死ぬな」ではなく「生きる価値」です。現実は自分次第で変わってくるのだということを、伝えていくことができる大人と共に活動したいと思っています。

今、必要なのは、大人が率先して新しい思考法や生き方を身に付けていくことです。「人生はいろいろあるけれど、それでもやっぱり生きる価値がある」と感じ、自分を生きる人であふれている社会。

これは、私がめざす未来の社会の姿（ビジョン）です。ストレス、生きづらさを創り出すトリガー（きっかけ）は、外側にありますが、それによってどんな感情を引き出すのかは、自分次第です。自分の人生のハンドルを自分で握って生きてほしいと思います。

ほかの人を幸せにしてあげたいと思ったら、まずは、あなたの心が幸せであること。自分の幸せはあとでいいから、人に幸せになってほしいというのは「人の為」＝

「偽」です。

この本が多くの方の無意識の制限を取り除き、自分を生きるためのヒントになることを願っています。

最後になりましたが、この本を執筆する機会を作っていただいた株式会社うぃずあっぷ芝蘭友先生には、本当に感謝しています。「あなたは、自分の呪いを解いてきたから、人の呪いを解くことができるのね」ということばは、今の私の大きな自信となっています。そして、無名の私にオファーをくださった青春出版社の手島編集長の温かいご指導に心から感謝しています。

さらに、私の人生の変革のきっかけをくださった株式会社ＮＬＰラーニング山崎啓支先生、アイシン波動療術院の荒島先生、小窪先生にもこの場を借りて感謝を申し上げます。

読者の皆さんへ

子どもたちの生きる力を高めたい！　と願い、日々、家庭や学校で、子どもたちに関わってくださっているみなさん。本当にありがとうございます。子どもたちに、自らの可能性を信じ、人生に生きる価値を感じてほしいという願いを共有していただくため、様々な無料コンテンツ、有料コンテンツを提供しております。本書では取り上げることができなかった詳しい内容も、学んでいただくことができます。ぜひ、アクセスしてみてくださいね。

無料コンテンツ

【保健室コーチング無料メール講座】

本書で紹介した脳科学に基づいた「生きる力」を育てるアプローチ法が、無料で学べます。

全20回。


【YouTubu公式チャンネル】

生きる力を高めるコツを動画で紹介しています。


【子どもたちへの関わりに役立つワークシート集】

本書で紹介したアプローチなど、子どもへの関わりに役立つワークシートが無料でダウンロードできます。

有料コンテンツ

【本書で紹介した教材】

（1）『生きづらさ妖怪攻略ブック』　全6巻
子どもたちの生きづらさを妖怪でたとえた人気教材。1冊ごとの購入も可能です。

（2）『友達が宇宙人に見えたら読む本』
VAKの違いによって起きるコミュニケーションミスや日常のあるあるを4コマ漫画で紹介しています。「みんなちがって、みんないい」を楽しく学びます。


【児童生徒向け講演、PTA講演、その他研修もお気軽に！】

コミュニケーション、自己肯定感、進路学習、子ども達の生きる力を高める大人の関わり方など、様々なテーマでの講演をしています。

こちらのサイトから、お申し込みください
https://heart-muscle.com/

著者紹介

桑原朱美　NLP教育コンサルタント。株式会社ハートマッスルトレーニングジム代表。主体的人生を構築する人材育成トレーナー。島根県生まれ。愛知教育大学卒業。教育困難校等の保健室の先生として25年間勤務。全国1000以上の学校現場で採用されているオリジナル教材や、「保健室コーチング」など独自のメソッドで研修、講演会などで活躍中。
『保健室コーチングに学ぶ！ 養護教諭の「現場力」』（明治図書出版）ほか、新聞、テレビなどへの執筆、出演多数。思春期前後の子どもたちにどう向き合うべきか。本書は、保健室コーチングの事例をベースに教員や親など子どもに関わる全ての大人たちに向けた一冊である。

保健室《ほけんしつ》から見《み》える
親《おや》が知《し》らない子《こ》どもたち

2021年2月25日　第1刷
2021年7月5日　第2刷

著　者　桑《くわ》原《はら》朱《あけ》美《み》
発行者　小澤源太郎

責任編集　株式会社プライム涌光
電話　編集部　03(3203)2850

発行所　株式会社青春出版社
東京都新宿区若松町12番1号　〒162-0056
振替番号　00190-7-98602
電話　営業部　03(3207)1916

印　刷　共同印刷　　製　本　大口製本

万一、落丁、乱丁がありました節は、お取りかえします。
ISBN978-4-413-23192-3 C0037